DESATANDO *nudos,* CONSTRUYENDO *lazos*

La terapia EMDR
con niños

Jackeline Figueiredo Barbosa Gomes

DESATANDO *nudos*, CONSTRUYENDO *lazos*

La terapia EMDR con niños

TraumaClinic Edições

Coordinación de la obra
Esly Regina Souza de Carvalho, Ph.D.

Normatización
Lara Spagnol

Portada e ilustraciones
Rebeca Prado

Proyecto gráfico
Caio Rodrigues

Lectura Sensible
Eliane Barbosa Ramos, Glenda Patricia de Oliveira Almeida Gomes,
Julia Barbosa Gomes, Marcia Oliveira de Carvalho, Matheus Barbosa
Gomes, Orlando Abreu Gomes

Catalogación en la Publicación (CIP)

	Gomes, Jackeline Figueiredo Barbosa, 1971-
G533	Desatando nudos, construyendo lazos: la terapia EMDR con niños / Jackeline Figueiredo Barbosa Gomes. - Brasília : Trau-maClinic Ediciones, 2021.
	Recurso eletrónico : il. color. Formato: PAPERBACK
	ISBN 978-1-941727-94-2
	1. Psicología 2. Terapia EMDR - Niñez 3. Experiencias Adversas de la Infancia - Psicología 4. Casos clínicos - Psicología I. Título
	CDD: 150.198

Bibliotecaria responsable: Cleide A. Fernandes CRB6/2334

Todos los derechos de esta edición reservados a:
TRAUMACLINIC EDICIONES
SEPS 705/905, Ed. Santa Cruz, Sala 441 - Asa Sul.
CEP 70390-055   Brasilia – DF / Brasil
www.traumaclinicedicoes.com.br
info@traumaclinicedicoes.com.br
Para recibir gratuitamente un e-book sobre la prevención del abuso
infantil y de adolescentes, inscríbase aquí: www.traumaclinicbrasil.com.
br/vamosfalardeprotecao

Escribir este libro fue posible gracias al constante apoyo que me brindaron mis amores, Orlando, Matheus y Julia. Al apoyar mi trabajo, me permiten creer que podemos marcar la diferencia en la vida de las personas, recordándome que cada existencia es importante y que, por lo tanto, el proceso de sanación debe construirse lo antes posible.

Incluyo en este homenaje a mis padres, José y Erondina, quienes en sus oraciones diarias me bendicen y protegen, permitiéndome dar el siguiente paso. A mis hermanos les agradezco por alentarme y recordarme siempre la importancia de nuestros orígenes.

A mis amores dedico este libro, reverenciando nuestra sociedad que acoge, sella y permite volar.

Agradecimientos

Mis agradecimientos especiales van para los niños (incluyendo aquellos que también moran en los adultos que recibo) que, con sus historias impactantes, me permitieron comprender que más allá del dolor existe la posibilidad de un oasis de restablecimiento. Con ellas aprendí que es posible, desde muy temprano, reescribir historias, hacer conexiones curativas, pintar la vida con el color que anhelemos y sobre todo, soñar que vendrán días mejores. Al compartir conmigo las experiencias difíciles que enfrentaron, enseñándome sobre superación, fuerza y esperanza, me ofrecieron un camino firme y fecundo, en la dirección de la reconstrucción de historias que, a pesar de todo, pueden ser felices.

A la Dra. Francine Shapiro, una mujer progresista y diligente que, con base en su propia historia de dolor, creyó que sería posible encontrar un camino más próspero y saludable para la recuperación y mantenimiento del bienestar físico y mental. La creencia de que existía una conexión entre el estrés y la enfermedad la impulsó a buscar enfoques que permitieran la reorganización emocional y que, a su vez, favorecieran el equilibrio de la salud en su conjunto. A través de su exquisito trabajo, Shapiro presentó al mundo la terapia EMDR, un verdadero bálsamo, su legado de sanación para todos nosotros.

A Esly Carvalho, quien, al gestar la terapia EMDR en su corazón, se convirtió en su madre en América Latina. Su incansable trabajo para promover e impulsar esta modalidad terapéutica ha permitido la formación de varios profesionales y ha hecho posible que la sanación emocional llegue a muchos. Ya sea impartiendo clases de formación básica, escribiendo libros, dando conferencias, o trabajando en la formación continua de innumerables profesionales, sigue sembrando el legado de Francine Shapiro. Con cada paso que da, aumenta la posibilidad de romper el círculo del trauma. A ella, que nos inspira a seguir, mi agradecimiento por tanto.

A Roberta Dunton, cariñosamente llamada Robbie, quien a través de su incansable trabajo al frente del EMDR Institute fue fundamental para el desarrollo de la terapia EMDR en el mundo. Robbie es reconocida como pionera en el trabajo EMDR con niños, habiendo sido la profesional que desarrolló los movimientos bilaterales táctiles y auditivos para posibilitar el manejo clínico de este abordaje con el público infantil. Mi más sincero agradecimiento a ella por hacerlo posible para nosotros. A ella mi agradecimiento sincero por posibilitarnos tanto.

Agradezco a Ana M. Gómez, reconocida especialista en la terapia con niños, quien con su trabajo innovador y creativo nos enseña a promover el encuentro amoroso y profesional con el público infantil. Con ella aprendí que siempre es posible encontrar entradas y salidas. Ella, sin duda, funciona como un modelo feliz y transformador para nosotros.

Mencionar nombres nos coloca en situación embarazosa. Tantos son los que me acogen, enseñan, orientan, motivan y toman de la mano, que me detengo a agradecer de forma colectiva, pero no menos importante, a todos los que, con su vasta experiencia como terapeutas EMDR, me guiaron y me ofrecieron su orientación. Aún hoy funcionan como brújula que guía mi camino profesional. Gratitud es lo que les dedico; deseo que se encuentren en este espacio.

Se busca un niño desaparecido…

Es un niño que fue visto por última vez dentro de nosotros hace muchos años. Saltaba, reía y era feliz con juguetes viejos.

Saltaba la rayuela, jugaba con trompos, jugaba bajo la lluvia, corría por las aceras, trepaba árboles. Se emocionaba cuando recibía juguetes nuevos. Daba vida a latas, gorras, soldaditos, muñecos. Jugaba al doctor, fue enfermera o paciente. Jugaba al botón. Recogía guijarros y figuritas, devoraba huevos de Pascua. Ah, le escribía cartas a Santa Claus. Soltaba globos y jugaba a "pasar el aro". Aplaudía en el circo, amaba el zoológico, jugaba en círculos, era feliz cuando se atiborraba de helado. Estaba encantado de escuchar historias contadas por su madre. Hacía pucheros cuando el profesor lo castigaba, pero estaba feliz con sus amigos, su pureza, su inocencia.

¿En dónde está? ¿Adónde se fue? Quien lo vea, venga y hable con nosotros. Todavía estamos a tiempo de hacerlo revivir, retomando un poco la alegría de la infancia y dejando reír al alma. (Autor desconocido)

Prólogo

Este libro nació de un antiguo deseo de compartir con los colegas EMDRistas mi práctica clínica, por medio de la cual ha sido posible acompañar un increíble proceso de reconstrucción de historias proporcionadas por la terapia EMDR.

Con este trabajo, deseo aportar al desarrollo de la práctica de esta terapia con el público infantil, enfocando temas fundamentales que apoyen y orienten la comprensión sobre la importancia de que empecemos a cuidar de los impactos emocionales cuanto antes. En este contexto, la intervención temprana es imprescindible para deconstruir los nudos causados por los traumas, transformando la cinta que los anudaba en materia prima para el lazo que está por venir. Esta realidad me recuerda una conversación entre colegas, en la que uno de ellos comentó que no trabajaba con niños porque se sentía conmovido al pensar que sufrían desde muy pequeños. Curiosamente, justamente por eso debemos acogerlos como pacientes: necesitamos romper el dolor emocional lo antes posible, para que la infancia sea preservada y, sobre todo, protegida.

La propuesta del libro es que caminemos lado a lado, en comunicación activa, y en esa sociedad, tus dos hemisferios cerebrales y los míos, puedan crear la factibilidad de desarrollar un proceso terapéutico capaz de brindar estabilidad, seguridad, organización emocional y emancipación al niño.

A lo largo de este libro, presento el trabajo que vengo desarrollando con los niños, las estrategias que utilizo para dar forma y estructura a la terapia, los recursos creados para permitir un proceso terapéutico acogedor y fluido, así como la base teórica que respalda la trayectoria del terapeuta EMDR. De este contexto forman parte la conceptualización de casos, el plan de tratamiento, el protocolo de las tres vertientes y las 8 fases. El contenido se desarrolla por medio de la presentación teórica de estos conceptos, así como de la exposición de casos clínicos, que permiten comprender la forma práctica en que resuelve y, al mismo tiempo, transforma el trabajo del EMDR con los niños.

Así, lo que se espera es que cada ayudante EMDR (para hacer referencia a cómo Ana Gómez, especialista mundial en la terapia con los pequeños, percibe al EMDRista que se dedica al trabajo con los niños) pueda sentirse más habilitado y equipado internamente para ayudar a los niños a reconstruir su historia, página por página. Nuestro principal objetivo en cada trabajo realizado con la terapia EMDR es "ver devuelta la vida y la felicidad a quien lo necesita [...]. Nos unimos en el compromiso de hacer lo mejor para garantizar que nadie se quede atrás." (Shapiro, 2020, p. 427).

Dado que, en general, los niños tienen redes neuronales de poca complejidad, lo que vemos que sucede con un trabajo cuidadoso con la terapia EMDR es la resolución de sus conflictos emocionales en un tiempo considerablemente corto. Esta posibilidad les impide sufrir durante años y los protege de reproducir los traumas vividos. Según Shapiro, el desarrollo de ocho ensayos clínicos aleatorizados ha demostrado "que la terapia EMDR elimina eficazmente los síntomas clínicos relacionados con el trauma en los niños". (Shapiro, 2020, pp. 323-324). El trato diario con los niños, incluidos aquellos que viven dentro de los adultos que buscan en EMDR la posibilidad de ofrecer un nuevo contexto para sus vidas, nos ha enseñado muchas cosas. Entre ellas, el hecho de que es posible, a través del reprocesamiento de los recuerdos traumáticos, lograr la transformación de los recuerdos, efectuando cambios de rasgo, generando aprendizajes y brindando oportunidades para el desarrollo de un nuevo significado para lo que antes era disfuncional.

Teniendo en cuenta que la terapia EMDR está indicada para personas que han experimentado eventos potencialmente traumáticos en algún momento de su vida, forma parte de este libro una mención especial y honorífica, además de una atención importante, el estudio de las experiencias adversas en la infancia (ACE[1]) y cómo estas afectan

---

1 - *Adverse Childhood Experiences*

la salud y las posibilidades de quienes las han vivido. Conocer los traumas y ser consciente de las consecuencias emocionales, físicas y psíquicas que provocan es parte fundamental del trabajo que realiza el terapeuta EMDR.

En el contexto de la pandemia, que nos exigió crear estrategias para que la atención terapéutica llegara adonde se necesitaba, el trabajo en línea se volvió fundamental, incluso con los niños.

De acuerdo con diversos estudios, las incertidumbres sobre la pandemia, sumadas al período de aislamiento, son responsables de numerosas consecuencias negativas en el desarrollo de los niños, y han generado impactos severos sobre su emoción, cognición, comportamientos, aprendizaje e interacción social (UNICEF, 2020). Los manejos clínicos y las estrategias terapéuticas presentadas en este libro son totalmente aplicables en el servicio en línea. El señalamiento que debe realizarse se refiere a los ajustes que son necesarios para que el trabajo se desarrolle con seguridad, calidad y fidelidad, tanto en los protocolos como en los manejos de la terapia EMDR. Estamos hablando de la presencia del cuidador durante la sesión, del tiempo apropiado para esta, dependiendo de la edad y de las necesidades del niño, de la preparación del ambiente terapéutico para el servicio en sí. Además de esto, se incluye aquí la complicidad del cuidador que actúa como coterapeuta, haciendo las veces del terapeuta principal que, físicamente, está del otro lado de la pantalla. Todo esto, sumado al cumplimiento de las directrices establecidas por el código de Ética, por el Decreto 11/2018, además de la exigencia del profesional de estar inscrito en el Catastro E-Psi.

Al final del libro, encontrará un capítulo dedicado exclusivamente al proceso de alta, que ofrece estrategias y manejos para preparar al niño con relación a este próximo paso.

Sea muy bienvenido al universo transformador de la terapia EMDR. Es mi invitado especial para abordar el tren del reprocesamiento.

Menos nudos, más lazos

Hay proyectos que llaman la atención porque entran por la puerta del corazón.

Los niños son la luz de los ojos, la esperanza del porvenir y, como decía mi abuela Minda, de grata memoria, representan nuestro devenir en otras generaciones. Desde esa perspectiva, siempre creí que "la familia viene primero" y que los niños son quienes mueven el hilo de la importancia.

El estudio sobre el impacto de las experiencias adversas en la infancia (Adverse Childhood Experiences) nos muestra que los eventos difíciles y traumáticos que las personas sufren en su infancia afectan su futuro, no solo con relación a su comprensión emocional y psicológica, sino también en el desarrollo de enfermedades físicas en la vida adulta.

La terapia EMDR cambió mi vida. Llevar el conocimiento de esta herramienta científica y maravillosa, capaz de transformar traumas en triunfos, se convirtió en una de las grandes misiones de mi vida. De forma que cuando conocí el trabajo de Jackeline Gomes en la terapia de EMDR con niños, se juntaron el cuerpo, el alma y el espíritu de la inspiración divina que rescata a los niños. Por medio de lo que enseña en sus cursos —y ahora en este libro—, Jackeline trae, de forma modesta y engañosamente simple, aquella contribución delicada y aclaradora que es el arte de curar niños.

La magia de la terapia EMDR consiste en su capacidad eficaz y revolucionaria de hacer olvidar el sufrimiento. No es que borre la memoria, sino que transforma su capacidad de herir y hacer sufrir. Este es el elemento esencial para que los niños de hoy se vuelvan los adultos del mañana, capaces de madurez, sabiduría y salud emocional. De allí podrán multiplicar y prosperar en el lugar de su antigua aflicción, la tierra de su infancia.

Jackeline logró entretejer todos estos temas con sencillez y comprensión. Es un placer leer este libro y aprender de una maestra única en el trato con los niños. Su creatividad nos lleva a soñar los sueños más hermosos para los niños más heridos y maltratados. Nos asegura que hay esperanza para las dificultades y traumas que enfrentan los niños; nos hace creer que lo que se hizo con maldad y veneno contra uno de estos pequeños puede convertirse en su mayor bien, su mayor riqueza.

Jackeline consigue encontrar, y nos enseña a hallar, la fuerza y el poder para rescatar la resiliencia infantil, esa que habita en el corazón de cada ser bendito que es un niño.

Disfrute de esta lectura como cuando saborea un helado una tarde de domingo, con total deleite. Disfrute como cuando corría volando cometas y soñaba con volar en las alas del cielo. Guarde la certeza de que podemos ofrecer días mejores a los niños, aquellos que viven en nuestro seno y los niños que viven en el corazón de la madre Brasil.

¡Buen provecho!

Esly Regina Souza de Carvalho, Ph.D.

Trainer of Trainers, EMDR Institute, AIBAPT
Trainer, Psicodrama
Trainer, Brainspotting
Presidente, Grupo TraumaClinic/EMDR Entrenamiento y Consultoría
Presidente, Plaza del Encuentro
Vice-Presidente, Relaciones Internacionales, Asociación Ibero-americana de PsicoTrauma (AIBAPT)
Presidente Fundadora, EMDR IBA (2007-2013)

Sumário

En cada niño se debe colocar un cartel que diga:
Tratar con cuidado, contiene sueños.

ilustraciones: Rebeca Prado

Introducción
Más vale prevenir que lamentar: el valor de cuidar a los niños terapéuticamente

Hay un dicho popular que afirma que *el costo del cuidado es siempre menor que el costo de la reparación* y otro que enseña *que cuando nuestra infancia es cálida, estamos protegidos del frío por el resto de nuestra vida.*

En cuanto a la terapia con niños, cuanto antes podamos ayudar al cerebro a digerir las historias disfuncionales, menor será el impacto tanto emocional como fisiológico. El informe "Imágenes del cerebro de dos niños muestran la diferencia que hace el amor de los padres", publicado por el portal BOL en 2017, trae estudios que demuestran que el cerebro de un niño que sufre un trauma, por exceso (abusos) o por falta (negligencia), es más pequeño y menos uniforme que el del niño que recibe de sus cuidadores principales cariño de calidad, seguridad y protección. Los traumas emocionales y físicos causan retrasos en el desarrollo y explican los problemas de memoria. Cuanto más temprano ocurren los traumas, mayor es el daño en la formación de vínculos saludables con el entorno, lo que puede explicar el comportamiento de la dependencia intensa o el aislamiento expresivo (BOL, 2017).

Con relación a los daños causados al cerebro por los traumas, Shapiro resalta:

Los neuropsicólogos del desarrollo han demostrado que la negligencia y la falta de apego entre padres e hijos en la primera infancia pueden conducir a déficits en la organización cortical necesaria para la autorrelajación y la autorregulación. (Shapiro, 2020, p. 6)

Sobre la temática presentada anteriormente, Dunton afirma:

Los niños traumatizados son propensos a respuestas de estrés exageradas y esta condición puede volverlos agresivos, impulsivos y necesitados. Son difíciles, se alteran fácilmente y tienen problemas para calmarse, pueden reaccionar de forma exagerada ante el menor signo de novedad o cambio y, a menudo, no saben cómo pensar antes de actuar. [...] Los niños problemáticos experimentan algún tipo de dolor, y el dolor hace que las personas se vuelvan irritables, ansiosas y agresivas. (Dunton apud Gómez, 2014, p. XX)

Dado lo anterior, no se puede refutar la realidad de que cuanto antes se traten los contenidos traumáticos vividos por los niños, menor daño se causará en su cerebro y en su vida en general. Por tanto, la reducción de los impactos emocionales traumáticos en la vida del niño favorecerá el desarrollo de su capacidad para crear vínculos afectivos saludables, favoreciendo su emancipación emocional, el desarrollo de la resiliencia y un sentido de sí mismo sano y feliz.

Según Shapiro (2020), cuando ocurre un trauma, este queda grabado en las redes de la memoria con la forma de un estado específico, es decir, como un aprendizaje dependiente del estado. Cuando se desencadena este proceso, la persona comienza a observar la vida con los anteojos de trauma, a través de los lentes que usaba a la edad que tenía cuando ocurrió el evento.

Sobre el tema, van der Kolk afirma:

Las experiencias traumáticas dejan huellas, ya sea a gran escala [...], o en los hogares y familias, con sus oscuros secretos que pasan de generación en generación. [...] dejan huellas en la mente, las emociones, la capacidad de disfrutar alegrías y placeres, e incluso el sistema biológico e inmunológico. El trauma afecta no solo a las personas que lo han sufrido directamente, sino también a quienes las rodean. (van der Kolk, 2020, p. 9)

Así, cuanto más temprano comience el trabajo de reprocesamiento, menor será el impacto de los eventos traumáticos sobre la vida de nuestro cliente. Por medio del tratamiento con la terapia EMDR, el profesional estará ciertamente evitando años de dolor emocional, de comportamientos disfuncionales y de trastornos graves. Cuanto más pronto empecemos, menos intensas serán las marcas dejadas en el terreno blando de la infancia. Ante esto, queda la invitación: manos a la obra.

Capítulo 1

Las experiencias adversas de la infancia y sus impactos sobre la vida

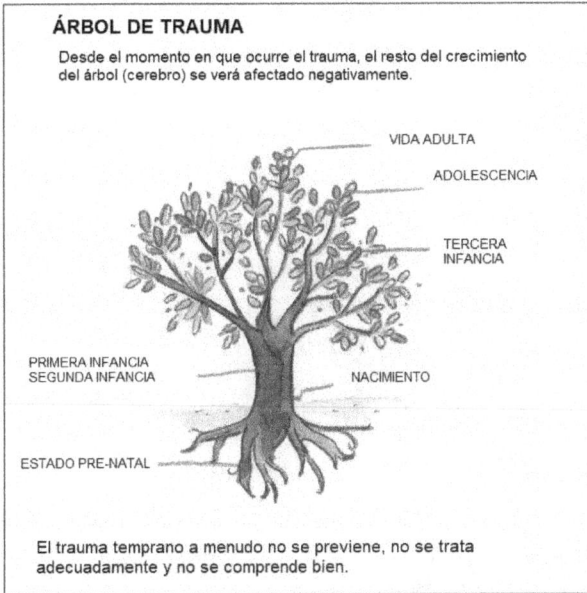

ÁRBOL DE TRAUMA

Desde el momento en que ocurre el trauma, el resto del crecimiento del árbol (cerebro) se verá afectado negativamente.

VIDA ADULTA

ADOLESCENCIA

TERCERA INFANCIA

PRIMERA INFANCIA
SEGUNDA INFANCIA

NACIMIENTO

ESTADO PRE-NATAL

El trauma temprano a menudo no se previene, no se trata adecuadamente y no se comprende bien.

Fuente: Brewer apud Nogueira, 2020

Cuanto más tempranas sean las experiencias infantiles adversas (ACE) que experimentan nuestros niños, mayores serán los perjuicios para el cerebro, tanto morfológica como fisiológicamente. Las consecuencias afectan su salud emocional, física y espiritual, perjudican el aprendizaje, el desarrollo de vínculos afectivos saludables, poniendo en riesgo todas las posibilidades que residen en la infancia. El trauma infantil severo explica la enfermedad grave en la edad adulta, y aumenta la probabilidad de muerte, causando trastornos de ansiedad, trastornos del estado de ánimo, trastornos de la personalidad y otras complicaciones psiquiátricas. Cuidemos nuestro bien más preciado, los niños. Cuentan con nuestro cuidado y cariño equilibrado para desarrollarse como necesitan y merecen: seguros y felices.

A. Estudio ACE y sus aportes sobre los impactos provocados por la ocurrencia del trauma temprano

El estudio de experiencias adversas de infancia (ACE) es *el estudio epidemiológico más influyente de nuestro tiempo, realizado en colaboración entre el Kaiser Permanente en San Diego y el Centro de Control y Prevención de Enfermedades* (CDC) (Felitti et al., 1998 apud Shapiro, 2020, p. 429). El referido estudio contó con la participación de cerca de 17000 personas y verificó el impacto de diez categorías de experiencias adversas en estos individuos, antes de los 18 años, en cuanto a su salud futura y al bienestar físico y mental. Las diez categorías incluyeron cinco en la modalidad autorreferencial: abuso físico, verbal y sexual; negligencia física y emocional. Las otras cinco *están relacionadas con los miembros de la familia: padres alcohólicos o maltratados en el ámbito doméstico; un familiar preso; un familiar con enfermedad mental y la pérdida de los padres por divorcio, muerte o abandono* (Shapiro, 2020, p. 429). Los resultados del estudio concluyeron que un ACE con una puntuación muy alta aumenta considerablemente el riesgo de problemas futuros, tanto para la salud emocional como la física. Por tanto, la investigación muestra que existe un vínculo causal importante entre las experiencias infantiles adversas y el desarrollo de traumas, así como de enfermedades en la vida adulta (Shapiro, 2020, p. 429).

B. Qué son las experiencias adversas de infancia

Las experiencias adversas en la infancia son eventos potencialmente traumáticos que ocurren en la niñez (0-17 años) tales como: experimentar violencia, abuso o negligencia; ser testigo de violencia en el hogar y/o tener un familiar que haya intentado cometer o haya cometido suicidio. En esta definición se incluyen aspectos del entorno de un niño que pueden socavar su sentido de seguridad, estabilidad y conexión, como crecer con un cuidador que es drogodependiente y/o tiene problemas de salud mental. Parte de este proceso es la inestabilidad provocada por la separación de los padres o la detención de uno de ellos, un hermano u otro miembro del hogar. Es fundamental enfatizar que los eventos traumáticos en la niñez pueden ser emocionalmente dolorosos o estresantes y pueden tener efectos que persisten por años. (Division of Violence Prevention National Center, 2019)

C. Cómo las ACE afectan la salud y las posibilidades de los individuos

En lo que se refiere al impacto de las experiencias adversas infantiles sobre la salud de quien las vive, los estudios realizados por el CDC demuestran que los años de la infancia, desde el período prenatal hasta el final de la adolescencia, son los años que sirven de base para las relaciones adultas, para la salud, para los comportamientos, y para el resultado de las interacciones sociales. Las experiencias adversas y las condiciones asociadas, tales como vivir con pocos recursos o en regiones segregadas racialmente, con cambios constantes, experimentando escasez de alimento y otras inestabilidades, pueden causar estrés tóxico, a través de la activación prolongada del sistema de respuesta al estrés, es decir, al mantener el funcionamiento ininterrumpido del sistema límbico por medio de las amígdalas (Division of Violence Prevention National Center, 2019, p. 8, traducción nuestra). Este funcionamiento mantiene al niño en un intenso estado de hipervigilancia, aumentando el nivel de cortisol en sus circuitos cerebrales, lo que contribuye a un constante agotamiento emocional y físico, ya que el sistema de lucha o huida permanece encendido y activo en todo momento. Tal escenario de guerra emocional impacta directamente en la capacidad del niño de desarrollar vínculos internos y externos de calidad, sus posibilidades de aprendizaje formal y lúdico, así como en la calidad de su interacción con el mundo a su alrededor, y genera una vida de aridez emocional y carente de estructuración en varios niveles de funcionamiento. Sobre el tema, el CDC por medio de la División del Centro Nacional para la Prevención de la Violencia afirma que:

Un gran y creciente cuerpo de investigación indica que el estrés tóxico durante la infancia puede atacar los niveles más básicos del sistema nervioso, endócrino e inmune, y que tales exposiciones pueden incluso alterar la estructura física del ADN (efectos epigenéticos). Los cambios cerebrales generados por el estrés tóxico pueden afectar directamente cuestiones relacionadas con la atención, el comportamiento impulsivo, la toma de decisiones, el aprendizaje, la emoción y la respuesta al estrés. En ausencia de factores que puedan prevenir o reducir el estrés tóxico, los niños que crecen en tales condiciones a menudo experimentarán dificultades para aprender y terminar la escuela. Corren un mayor riesgo de involucrarse en delitos y violencia, consumo de alcohol y drogas, así como de desarrollar un interés por otras actividades que representan un peligro para la salud (por ejemplo: iniciación sexual temprana, sexo sin protección e intentos de suicidio). Son susceptibles a enfermedades y cambios de salud mental durante sus vidas. Los niños que crecen en un ambiente de estrés tóxico pueden tener dificultad para formar relaciones estables y saludables. También pueden tener un historial de trabajos inestables y dificultades financieras, profesionales y familiares, así como depresión de por vida, efectos que pueden repetirse en sus hijos. (Division of Violence Prevention National Center, 2019, p. 8, traducción nuestra)

Otros estudios corroboran el impacto de las experiencias adversas en los niños y su desarrollo a lo largo de la vida, dando cuenta de marcas traumáticas en su historia en general. Entre estos podemos mencionar el estudio realizado por Afifi *et al.* (2012), que establece que los eventos relacionados con castigos severos (como golpes, empujones, entre otras formas de agresión física) están directamente relacionados con el desarrollo de trastornos del estado de ánimo, trastornos de ansiedad, trastornos de personalidad, dependencia química, entre otros.

Por otro lado, Porges (apud Gómez, 2014) aclara que el desarrollo de la psicopatología de forma crónica e intensa se relaciona con la incapacidad del niño de inhibir el sistema de lucha o huida en ambientes saludables, así como para conectarse con los demás, ante la inminencia del peligro.

Con base en el análisis de las consecuencias impactantes y dañinas causadas por los ACE, cuanto antes se trate a los niños, más rápido puede tener lugar la transmutación de los eventos que fueron registrados disfuncionalmente en sus redes de memoria. Este movimiento favorece la reorganización de contenidos emocionales desadaptativos que, a través del reprocesamiento, se vinculan a redes de memoria positiva, promoviendo la resignificación de lo vivido durante el evento traumático. Este mecanismo dinámico, que tiene lugar a través de la neuroplasticidad cerebral, reactiva el procesamiento adaptativo de la información (SPIA), lo que permite que el cerebro recupere su capacidad para digerir contenido emocional disfuncional.

Capítulo 2
La terapia EMDR y su estructuración

La terapia EMDR es una modalidad de tratamiento focalizado, y esa una de las razones que garantiza su eficacia en poco tiempo, en comparación con las terapias tradicionales.

Para Shapiro, "un tratamiento eficaz con EMDR requiere el conocimiento de cómo y cuándo utilizarlo" (2020, p. 65), dependiendo incluso de la elección del blanco que será reprocesado. En el caso de que los blancos se elijan de forma incorrecta, puede ocurrir que los resultados del tratamiento no sean muy efectivos.

En definitiva, como señala Shapiro (2020), el tratamiento con la terapia EMDR se basa en el funcionamiento del SPIA, que permite que el cerebro retome el reprocesamiento de forma autónoma. Consta de un protocolo de tres vertientes y otro de ocho fases. Además, requiere un foco de atención dual para que el cliente pueda reprocesar las historias disfuncionales en la seguridad del presente, en compañía de su terapeuta. Recordando que cada persona es única y sus redes de memoria también lo son, es de esperarse que el número de sesiones que componen cada fase, así como también el número de fases incluidas en cada sesión, varíe en función del cliente y de sus posibilidades de reprocesamiento, dependiendo del blanco a ser trabajado. Desde tal estructuración, es posible desarrollar la conceptualización del caso y el plan de tratamiento, herramientas imprescindibles en el manejo del EMDR.

A. Conceptualización del caso

La conceptualización del caso es la base del plan de tratamiento, por medio de la cual alcanzamos los efectos más profundos y completos posibles en un menor tiempo (dependiendo del caso, de la queja, del paciente), manteniendo nuestro cliente estable dentro de un sistema en equilibrio.

Ana M. Gómez cierta vez afirmó que las personas vienen a la terapia con el objetivo de organizar la mesa, la sala o la casa (información verbal)[2]. Para complementar, pienso que incluyen ahí el sótano, el desván y el tabernáculo. Independientemente de si los padres han traído al niño a la terapia con el objetivo de reducir o eliminar síntomas o para brindar un tratamiento integral, el terapeuta debe esforzarse por asegurar una historia completa del niño. Solo a través de ella se puede realizar la mejor estructuración del tratamiento.

El desarrollo del tratamiento para cada niño será, sin excepción, orientado por el SPIA y por los procedimientos del EMDR, incluidos aquí los protocolos anteriormente citados, la conceptualización del caso y el plan de tratamiento, sumados a las necesidades específicas de cada niño y de sus familias (Gómez, 2014).

B. Plan de tratamiento

Desarrollar un plan de tratamiento en profundidad es imperativo para lograr el mejor resultado en la terapia EMDR. Favorece una visión amplia y secuencial del tratamiento que se realizará con el niño, y permitirá un manejo más enfocado y resultados de mayor calidad, en un menor tiempo. El plan de tratamiento comienza en el momento en que el terapeuta recibe la solicitud para tratar al niño. Saber cómo se hizo la solicitud, quién la hizo y de qué manera, le ofrece al profesional una comprensión inicial muy importante de parte del contexto en el que se inserta el niño. De acuerdo con Gómez (2014), luego del desarrollo del escenario clínico, así como del mapeo de recursos y trastornos emocionales experimentados por el niño, se debe crear y desarrollar un plan de tratamiento para alcanzar las metas deseadas con su terapia.

---

2 - *Ana M. Gómez habla durante el curso de protocolo EMDR con Caja de Arena, realizado el 13 de septiembre de 2018.*

C. Protocolo de tres vertientes

Asumiendo que las redes de memoria son la base tanto de la patología como de la salud, todo el trabajo desarrollado mediante la terapia EMDR requiere la inclusión de tres vertientes: pasado, presente y futuro. Es necesario comprender qué generó y qué mantiene las quejas actuales de nuestros pequeños pacientes. Así, comprender la historia del niño desde su nacimiento hasta el momento en que llega a la oficina funcionará como un norte geográfico, determinando cómo se desarrollará el trabajo, considerando las necesidades del proceso, evaluando las ocurrencias, los impactos emocionales vividos por el niño, además de sus recursos internos y externos.

El niño y su cuidador llegan a la clínica con su reporte de queja en el momento actual. El profesional, a su vez, realizará la primera entrevista buscando todos los datos relevantes que componen la historia de vida del niño. Posteriormente, buscará eventos previos que puedan dar cuenta de los acontecimientos actuales, es decir, el terapeuta EMDR debe preguntarse: ¿Existe un nexo causal entre lo que tengo frente a mí y alguna situación anterior? Así, el pasado aparece como un período fundamental que debe ser visitado y comprendido por los EMDRistas. En cuanto al futuro, nuestro enfoque está en ayudar al niño a sentirse capaz de crear estrategias saludables y funcionales para hacer frente a su vida diaria, sintiéndose seguro, conectado a tierra y feliz.

D. Protocolo de ocho fases

La terapia EMDR trabaja con el protocolo de ocho fases, a través del cual se estructura y se conduce todo el proceso terapéutico. Cada fase tiene sus objetivos específicos, su organización particular. De estas fases se hablará más adelante con el corte específico para trabajar con niños.

Capítulo 3
Desarrollo del proceso terapéutico

A.   Fase 1 — Historia clínica:
poniéndose el sombrero de Sherlock Holmes

La primera fase de la terapia EMDR es la elaboración de una anamnesis en profundidad, que nos permitirá conocer los disparadores emocionales de nuestros clientes, las rupturas, excesos y posibles historias de abandono que hayan podido afectar al niño. Otro enfoque importante para abordar en esta etapa se refiere a la comprensión de la red de recursos internos y externos del niño: ¿cuáles son las estrategias que utiliza el niño para sentirse bien, seguro, en paz? ¿En quién confía para garantizar su seguridad e integridad física y emocional? ¿Cuáles son sus redes de apoyo? Otro punto clave en la fase 1 se refiere a la preparación del cliente para someterse a la terapia EMDR: ¿está nuestro pequeño cliente listo para comenzar la terapia en este momento? ¿Será necesario un trabajo de preparación más extenso, para que el niño pueda moverse por el campo del trauma sin muchas fluctuaciones? ¿Es este el momento oportuno para iniciar el trabajo, teniendo en cuenta el entorno del paciente y la disponibilidad del terapeuta?

Como parte relevante de los objetivos de la fase 1, es fundamental aclarar de qué se trata el SPIA, el plan de tratamiento, los protocolos de tres vertientes y de ocho fases, incluido el funcionamiento general de EMDR, además de lo que se puede esperar como resultados, sumado al desarrollo del contrato que representará el propio tratamiento.

Por medio de una recolección de datos bien hecha y lo más completa posible, el terapeuta EMDR podrá realizar la conceptualización del caso y, a partir de este paso, desarrollar el plan de tratamiento.

Según Gómez, en la fase 1 es momento de:

- Desarrollar la alianza terapéutica;
- Determinar si el cliente es apto para el tratamiento de desensibilización y reprocesamiento [...];
- Determinar si el nivel de experiencia del psicoterapeuta es apropiado para la complejidad del caso;
- Recoger un desarrollo detallado, así como una historia médica y psicosocial;
- Desarrollar un plan de tratamiento viable y una conceptualización del caso. (Gómez, 2014, p. 25)

1. Encuentro con los cuidadores - Comprendiendo la historia

Comienzo este apartado aclarando que la elección de reunirse con los cuidadores y con el niño al mismo tiempo o por separado depende tanto del manejo del terapeuta como de las metas que se quieran alcanzar. Durante mucho tiempo recibí al niño y a los cuidadores en la misma sesión porque mi deseo era, justamente, entender cómo el problema en cuestión era abordado y vivido por la familia nuclear. Confieso que fueron momentos muy ricos, que me llenaron de visiones particulares sobre cómo recibir y cuidar a las personas. En algunos casos, la reunión se realizaba por separado (con el niño o alguno de los cuidadores ausentes) para que la anamnesis pudiera cumplir, con la mayor fidelidad posible, su objetivo primordial: aportar todos los datos necesarios para trazar las pautas del proceso terapéutico. Más de una vez recibí cuidadores que me pedían que hiciera la primera sesión por separado porque querían ayuda para comunicarle a su hijo que era adoptado. Otras veces me cruzaba con exparejas en conflicto y precisamente esa era la situación que estaba impactando al niño. Para no crear más presión, recibía a cada padre en una sesión separada y al niño en otra. Lo más importante es saber que hay muchas posibilidades de ajuste y que cada caso puede (y debe) ser analizado con respeto y consideración. Sin embargo, el propósito principal de la anamnesis (desde el inicio) es que sea un momento único de aprendizaje, a través del cual se nos presentarán historias de vida para hacer posible nuestro trabajo, y es necesario acogerlas con cariño. Así, la forma en que se llevarán a cabo los primeros encuentros debe considerar el análisis certero del terapeuta de cuál es el mejor manejo para determinadas situaciones. Es importante considerar que la historia pertenece a la familia, y sus miembros son los mejores especialistas en su funcionamiento. Incluso frente a un sistema en caos, será un enfoque bien estructurado, basado en la asociación, lo que permitirá al terapeuta dar el siguiente paso.

La mayoría de las veces, incluso siguiendo el trabajo de colegas de otros países, mi práctica ha incluido encuentros separados con los principales cuidadores y, posteriormente, con el niño. Sin embargo, debemos ser conscientes de la riqueza y las posibilidades que ofrece la flexibilidad; creo que ahí reside la salud. La enfermedad, a su vez, vive en la rigidez.

La recopilación de una historia clínica bien fundamentada y completa comienza, de hecho, desde el primer contacto con el terapeuta: ¿quién lo hizo, de qué manera, en qué momento de la historia de vida del niño y con qué propósito? Muchas veces la información proviene de diferentes fuentes, como padres, abuelos, otros familiares, niñeras, colegios, instituciones sociales, entre otros. Comprender este contexto y sus consecuencias permitirá al terapeuta EMDR acceder a información valiosa y, a menudo, esclarecedora. Tales datos ya perfilan un panorama terapéutico importante.

En la fase 1, el profesional trabaja para desarrollar una relación de confianza y seguridad, tanto con el niño como con sus cuidadores. El resultado de este proceso posibilita la construcción de una alianza terapéutica sólida y funcional; la sintonía bien construida nos ofrece un terreno firme para caminar. En esta etapa, también habrá una recopilación detallada de datos relacionados con toda la vida y la historia del desarrollo del niño. A través de una anamnesis integral, que considere áreas importantes en la vida del niño, el terapeuta podrá crear un escenario que permita la comprensión más completa de cómo se configuraron en la vida del niño los temas planteados para ser atendidos en terapia.

En vista de lo anterior, para realizar nuestros comentarios, nos apoyamos en el pensamiento de Ana M. Gómez quien, en su obra

Terapia EMDR y auxiliares abordajes con niños (2014), señala un importante camino a seguir.

a. La exposición de la dificultad

Este paso se refiere a la investigación de cómo los responsables ven la dificultad que vive el niño. Por lo tanto, será fundamental comprender cómo los cuidadores lo representan, cómo ven esa dificultad, qué los motivó a programar la cita en ese momento de la vida del niño. Así, se trata de investigar en detalle la historia que da cuenta de las rupturas afectivas y que, a su vez, dieron origen a los síntomas o al trauma específico.

b. Entendiendo los recursos

Además de investigar las dificultades que vive el niño, es necesario ser consciente de las fortalezas que tiene (dentro y fuera de sí mismo) para hacer frente a su vida cotidiana y al problema específico. Conocer el bagaje de recursos aportados por el cliente le da al terapeuta la oportunidad de saber con qué puede contar, qué necesita fortalecer, cómo y cuánto, además de qué necesitará desarrollar. Este paso les indica a los cuidadores que hay posibilidades, que hay una dinámica que funciona a cierto nivel, es decir, que no todo está perdido. Esta visión fortalece la conexión con la esperanza, muchas veces perdida, sobre lo que puede ser mejor y lo que puede ser diferente y saludable. Dicho contexto funciona como una fuerza adicional sobre cuánto puede proporcionar un buen trabajo en equipo. Después de todo, muchos hemisferios cerebrales funcionan de manera más eficiente y pueden hacer mucho más que los dos (derecho e izquierdo) del cuidador.

Haga (al cuidador) preguntas como: "¿Cómo sería si no se resuelve lo que está sucediendo ahora o cómo ve la resolución de este problema?" O: "Si la solución a esta dificultad fuera un color, una textura, un olor, un instrumento, una herramienta (entre otros), ¿cuál sería o cómo sería?" "¿Cómo te ves siendo parte de lo que funciona?"

Es fundamental que los responsables del niño comprendan cómo su participación activa y equilibrada es un elemento clave en la calidad satisfactoria del proceso terapéutico que se iniciará. Ser consciente de este hecho incluso favorece la indicación de terapia para el cuidador, si este fuera el caso.

c. *El desarrollo del niño*

Para que podamos llevar a cabo un tratamiento integral, es fundamental comprender, de forma global, el contexto en el que se desarrolla el niño y su desarrollo. Por lo tanto, es necesario conocer el contexto prenatal, peri y posnatal. En esta etapa, el terapeuta EMDR recopilará información muy detallada, con el objetivo de comprender el escenario del que el niño y su familia forman parte.

En este punto de la anamnesis, se deben considerar cuestiones que permearon la historia familiar cuando supieron que un bebé formaría parte de ese núcleo, lo que estaba pasando en la familia, tanto materna como paterna, lo relacionado con la posible enfermedad/muerte de familiares, de los propios padres del niño; cómo fue el contexto financiero; los asuntos académicos y profesionales de los padres; estabilidad emocional de los responsables; ¿qué edad tenían cuando se enteraron de que esperaban un hijo? A partir de ahí contextualizaremos desde el embarazo y sus consecuencias hasta el propio parto. Además, ¿qué otros eventos importantes tuvieron lugar? ¿Nació el niño con una necesidad que le obligó a permanecer en el hospital de maternidad más allá del período de rutina? ¿Hubo algún procedimiento invasivo, cirugía, medicación, otras hospitalizaciones, tanto suyas como de la madre, por ejemplo? Según Gómez: "Los factores relacionados con la salud pueden interferir con el desarrollo de la sintonía, el ajuste y la regulación de la interacción entre los cuidadores y el niño" (2014, p. 27). Separaciones, cambios, experiencias con otros cuidadores; desarrollo general del niño: control de esfínteres, sueño, alimentación, cuestiones relacionadas con el tipo de apego desarrollado y, por tanto, la estructuración de los "modelos internos de funcionamiento del yo y del otro y de las redes de memoria desarrolladas por el niño". (Gómez, 2014, p. 28).

Comprender cómo sucedieron las historias y, a partir de ahí, cómo su devenir guió la vida de los cuidadores y la del propio niño, es fundamental para construir la brújula con la que transitaremos el territorio irregular, lleno de altibajos, forjado por el trauma. Después de todo, es en donde nuestro pequeño paciente y sus principales cuidadores se mueven. Dicho esto, necesitamos establecer una posible correlación entre la demanda que estamos recibiendo y los hechos anteriores que probablemente dieron origen a la denuncia y la siguen alimentando.

A medida que se recopila toda esta información, el terapeuta EMDR realiza un trabajo minucioso de verificación, prueba, evaluación una vez más, armando el rompecabezas con las pistas, para así ver dibujarse un mosaico de colores, texturas y patrones que dan cuerpo y forma a las historias que tiene delante. Todo el trabajo de preparación, evaluación, desensibilización y reprocesamiento, además de la proyección a futuro que se realizará y seguirá al encuentro con los padres y con el propio niño, se basará en la conceptualización del caso y en el desarrollo del plan de tratamiento a través del escenario clínico presentado y construido por medio del protocolo de las tres vertientes.

2. Desarrollo del plan de tratamiento con el cuidador

El terapeuta EMDR debe tener claro lo fundamental que es entender la historia del niño desde la perspectiva del pasado, presente y futuro. Por regla general, todo trauma es una re-traumatización, es decir, para que algo que sucede ahora se convierta en un evento potencialmente traumático, es necesario conectar con una ocurrencia anterior. En otras palabras, solo habrá potenciación si hay conexión. Por lo tanto, es fundamental comprender cómo la historia que nos presentan los cuidadores principales o las demás personas que conviven con el niño, se fue construyendo y configurando, a medida que se nos presenta en el consultorio. La forma más completa de realizar tal análisis y de desarrollar el trabajo terapéutico con niños es, según Gómez (2014), orientar nuestra trayectoria clínica en el abordaje e investigación del paso a paso que se sigue, en el orden a continuación descrito.

a.   *Presente*

Cuando los cuidadores llegan a nuestra consulta, lo hacen en el presente, informando el motivo de la consulta (parece una obviedad, pero la recolección de datos del caso, teniendo en cuenta este esquema secuencial, garantiza al terapeuta EMDR una visión bien estructurada del proceso). En esta etapa, nuestro enfoque estará en la razón que los hizo buscar tratamiento. Estrictamente hablando, ¿qué está pasando en la vida del niño?

A fin de obtener la información necesaria para definir cómo estructurar el guion de trabajo, es importante hacer las siguientes preguntas: "¿Cuáles son las dificultades presentadas por su niño en ese momento?", o "¿Qué les hizo buscar la terapia para su hijo(a) ahora (no antes ni después: específicamente en este momento)?" Para nosotros es fundamental entender cuál es la queja que mueve a los padres en la búsqueda de una solución. A continuación, pregunto: "¿Cómo representarías la pregunta que me acabas de hacer sobre tu hijo?", "Si la dificultad fuera un animal, un color, un objeto, una textura (entre otras posibilidades), ¿a qué se parece?"

Estamos invitando al hemisferio derecho del cuidador a que nos diga cómo ve el problema que vive el niño. Comprender esta dimensión nos ayuda, además de informar al cuidador cómo se ha relacionado con el hecho. A menudo, esta conducta ya favorece una participación más interesada del responsable, ya que se percibe a sí mismo como parte importante del proceso.

Otra forma de averiguar lo que informan los cuidadores sería pedirles que nos den un ejemplo concreto para ilustrar la dificultad. "Si pudieras fotografiar esta dificultad ahora, ¿qué foto aparecería?", o incluso: "¿Hay algún evento que pueda representar fielmente esta dificultad que estás reportando?"

En la actualidad, además de buscar la queja o el tema en sí, también necesitamos conocer los síntomas que genera la dificultad, además de los factores desencadenantes o disparadores. Para acceder a los síntomas, y particularmente me gusta pensar en el síntoma como un grito de ayuda, que temporalmente funcionará como un informante, podemos preguntar:

- ¿Qué es lo que más le llama la atención cuando se ve así? ¿Es su postura? ¿Se encoge, parece "más grande" de lo que es, se vuelve inconsciente, comienza a llorar, a gritar, por ejemplo?

- En las expresiones faciales, ¿demuestra miedo, ira, enojo, tristeza, demuestra estar perdido, se muestra ajeno, por ejemplo?

- En el comportamiento él(ella) ¿presenta tics nerviosos, se muerde las uñas, se arranca el cabello, presenta movimientos involuntarios y estereotipados, tiene tendencia a agredirse a sí mismo(a) o a los otros?

- En la relación con el sueño, ¿se agita, presenta terror nocturno, duerme demasiado, está somnoliento(a) durante el día?

- En relación con los alimentos, ¿come poco/nada, llega a comer demasiado, o más allá de la cuenta?

Con relación a los disparadores, podemos preguntar: "¿Cuándo, en qué circunstancias y delante de cuáles personas usted percibe que su hijo reacciona de esa manera o se comporta de la forma que me contó?"

- ¿Sucede delante de alguien específico: abuelas, tíos, padre/madre, niñera, colegas, hermano(a), entre otros?

- En algún lugar en especial: ¿en la escuela, en la casa de alguien, en la propia casa y afines?

- Respecto a una situación o evento específico: ¿cuando llueve, cuando necesita salir de casa, cuando se siente amenazado, durante el día/la noche, entre otros?

- ¿Cuando oye algún ruido, siente algún olor, come algún alimento en particular?

Sobre el tema, Gómez aclara:

¿Qué situaciones, eventos o personas desencadenan este problema o asunto? ¿Qué suele suceder antes del comportamiento problemático o qué suele causar que su hijo tenga estos síntomas o problemas? (Gómez, 2014, p. 37).

b.   *Pasado*

Una vez que el escenario actual haya sido comprendido, es fundamental transitar por los eventos del pasado que probablemente dieron origen a la historia y continúan alimentándola. Shapiro (2020) resalta que considerar el análisis de los eventos pasados nos posibilita comprender dónde y cómo comenzó todo. Sobre el pasado, es fundamental verificar cuáles fueron los eventos que originaron la cuestión actual. De acuerdo con Shapiro:

> *[...] la mayoría de las patologías [...] se desarrollan por experiencias previas que han provocado emociones de "impotencia", "desesperanza" o cualquier otro sentimiento presente en el amplio espectro de emociones que constituyen un sentimiento de abnegación y falta de eficacia personal. (2020, p. 5)*

En este contexto, debemos investigar si existen eventos previos y cuáles son, es decir, cuál es el evento clave y los eventos adicionales del pasado que podrían dar cuenta del surgimiento y continuidad del cuadro emocional que presenta el niño. Una manera eficaz de ayudar a los cuidadores a comprender qué información necesitamos aclarar en este punto es preguntar, por ejemplo: "Si miramos esta historia usando una máquina del tiempo, ¿en qué momentos anteriores recuerda que su hijo presentó este comportamiento o que experimentó algo parecido?" A partir de lo encontrado, debemos crear una línea de tiempo (Gómez, 2014, p. 37), para reprocesar en secuencia: el evento más antiguo, es decir, el evento base; el peor evento, el que fue más intenso para el niño, y los eventos adicionales del pasado, que hacen referencia a otros eventos que, por casualidad, están conectados a través de redes neuronales, por similitud, con el evento base.

c.   *Futuro*

Después de registrar la información contenida en el presente y el pasado, la proyección para el futuro será el siguiente paso a construir en la secuencia de nuestro trabajo. "Para cada situación perturbadora [...], habiéndose realizado tanto el procesamiento como la educación y la modelación adecuada, se necesita incorporar una proyección positiva de futuro [...]" (Shapiro, 2020, p. 202).

Aun en la anamnesis con los padres, debemos evaluar cómo les gustaría que viviera su hijo después de que los problemas que están causando el comportamiento disfuncional se reprocesen por completo y se logren experiencias adaptativas y positivas. Por lo tanto, para cada disparador informado, se debe hacer una proyección hacia el futuro.

3. Recibiendo al niño: comprender la historia desde el origen

Llevo mucho tiempo trabajando con la perspectiva de que el mejor especialista en sí mismo es el propio paciente: al fin y al cabo las historias le pertenecen, traen su forma de vivir conocida y su forma de lidiar con el contexto, y promueven un *modus operandi*. Con los niños sucede lo mismo: traen la historia en sus conexiones o desconexiones consigo mismos y con el entorno. Depende de nosotros, sus ayudantes, construir un camino viable a través del cual ellas (las historias) puedan llegar.

Comprender la forma en que observan lo que les sucede, usando su lente interna para mostrarnos su percepción, es una de las mayores riquezas con las que me he encontrado. Por regla general, no hay intermediarios: nos ofrecen su visión de los hechos con una claridad inmensa y con una verdad innegable. Hay que tener ojos para ver y oídos para oír, y lentes de terapeuta EMDR para encontrar la contraseña, el código que da acceso al interior de la caja fuerte.

Cuando trabajamos con esta audiencia, debemos recordar que su mejor forma de comunicación es el juego y todo lo que este ofrece. La narración del niño aparece a menudo en la grupa de un alazán, en las alas de una mariposa, en las habitaciones de los castillos, en las garras de monstruos terribles, en pesadillas frecuentes, en dibujos parlanchines, en pompas de jabón de colores y de muchas otras formas. Depende de nosotros entenderlas y descifrarlas. El trabajo de desenmarañar los enredos traumáticos con niños nos invita, literal y metafóricamente, a entrar en su mundo mágico y encontrar las escotillas posibles que nos llevarán a las salidas (sí, pueden ser más de una, pues quien tiene un solo camino, no tiene adónde ir). Aprendemos esta verdad del gato en Alicia en el país de las maravillas, quien, cuando se le pregunta dónde estaba la salida, responde: "Depende". Y cuando ella pregunta: "¿De qué depende?" él señala: "Depende de adónde quieras ir" (Carroll, 2020).

El terapeuta EMDR que se ocupa de las historias de su pequeño paciente debe tener presente que necesita ser su ayudante más confiable, su aporte de recursos preciosos, el puente más seguro entre el dolor causado por la oscuridad del trauma y la luminosidad para la reescritura de una historia que puede tener un final, si no completamente feliz, posible de ser vivido en paz y con seguridad.

Especialmente en el primer encuentro con el niño, nuestro propósito más especial es definir una alianza terapéutica que nos brinde la oportunidad de deshacer nudos y construir vínculos. Será en este contexto que desarrollaremos un vínculo basado en la confianza, la seguridad y las posibilidades. Hay que recordar que la infancia es un terreno muy blando y por eso hay que pisarlo con ligereza y cariño para que las marcas sean siempre lo más sanas, fértiles y seguras posible. En virtud de esto, necesitamos conectar con el niño en la dimensión que nos ofrece. Es importante recordar que para las personas traumatizadas, incluso los recursos pueden verse como amenazas. Así, los primeros encuentros con el niño son momentos de mirar con interés y curiosidad para saber la mejor manera de acercarnos, sin causarle más daño, ofreciendo nuestra presencia de forma amable y lúdica, en el tiempo, en el ritmo y en la forma de nuestro pequeño cliente. Según Gómez, "el primer encuentro con el niño es decisivo y moldea la base de la alianza terapéutica" (2014, p. 38); es decir, ese encuentro será el generador de la matriz que conformará y estructurará el trabajo que vendrá después. El terapeuta que atiende a niños necesita conectar con ellos en la condición que ellos ofrecen; esa es su forma de colaborar. Ahí es donde estará el gancho que hará toda la diferencia en el proceso.

Una vez programé la primera sesión para un niño de cinco años que estaba siendo llevado a terapia debido a un evento en el que había estado atrapado (solo) durante unos 20 minutos en el automóvil de su padre en un garaje oscuro. Los familiares habían subido y él, a quien le gustaba esconderse, había quedado olvidado dentro del vehículo.

Abrí la puerta de la consulta para despedirme del paciente que me acompañaba y, al acceder a la sala de espera, me encontré con un niño ágil que, al posar sus ojos en mí, inmediatamente se escondió debajo del sofá. Miré, y de pronto yo estaba debajo del sofá con él. Acto continuo, se echó a reír, se volvió hacia mí y me dijo:

"Estás muy loca, pero mi mamá me dijo que me va a gustar venir aquí y trabajar contigo." Nos levantamos, se despidió de su madre y continuamos el proceso terapéutico que ya había iniciado desde el momento en que recibí a los cuidadores.

La primera sesión con el niño consiste en presentarnos y compartir con él lo que vamos a hacer juntos. Le digo: "Fulano(a), como ya sabes, soy Jackeline, psicóloga. El psicólogo es un ayudante especial que construye puentes que nos alejan de las cosas malas que nos han pasado. Somos un equipo de trabajo: yo, tú, tu cerebro con sus dos partes poderosas, mi cerebro con sus dos partes poderosas, somos al menos ocho participantes en este increíble grupo y pronto conocerás a algunos más. Aquí, en este espacio nuestro, estás a salvo y no permitiré que nada ni nadie te haga daño. Puedes decir lo que quieras, tengo curiosidad por saber de ti. Nuestro equipo trabajará con determinación para encontrar formas especiales de resolver las dificultades. Siempre que sea necesario, hablaré con tus padres para enseñarles sobre las mejores maneras de cuidarte de una manera protectora y amorosa."

Esta presentación ha garantizado, por lo que he visto en mi trabajo, el desarrollo de un aporte de confianza y seguridad, indispensable para el proceso que se llevará a cabo. Un punto importante para destacar aquí es que este enfoque ha funcionado como una excelente estrategia para la mayoría de los niños. Sin embargo, debemos tener en cuenta al menos dos puntos.

Uno de ellos es la edad del niño que estaremos atendiendo: cuanto más pequeño es el niño, más hay que adaptar el lenguaje que usaremos, la información que le daremos, así como la forma en que ofreceremos esa información y en que llevaremos a cabo el proceso. Para niños muy pequeños, el proceso se llevará a cabo desde otro ángulo. Hablaré más sobre esto cuando aborde el problema en la fase 4.

El otro punto es que (y esta información trasciende la cuestión de la edad) debemos prestar atención al nivel de comprensión del niño y al nivel de trauma que ha experimentado. Cuanto mayor sea la cronicidad del evento (¿desde cuándo se desarrolla la historia difícil?), más lentamente debemos acercarnos, utilizando muchas estrategias lúdicas, desarrollando un ambiente muy seguro, antes de abordar las historias traumáticas en sí.

En esta etapa del proceso, verificaremos con el niño información sobre sus interacciones con sus cuidadores, hermanos, compañeros de escuela, terapeutas anteriores, y otras figuras emocionales importantes, si las hubiera. Comprender cómo se relaciona el niño con las personas más cercanas a él, actuando o reaccionando de determinada manera, aporta información valiosa que nos habla sobre el tipo de vínculo que establece con determinada persona y cómo percibe (o no) con quién puede contar cuando sea necesario. En la sesión de anamnesis, para citar el discurso de un paciente de siete años, tendremos una reunión propia.

Como un enfoque importante de la etapa en sí, verificaremos con el niño las razones que lo llevaron a la terapia, procurando comprender cómo se relaciona con el(los) evento(s) traumático(s) en sí, cómo comenzó a comportarse después de que ocurriera, además de analizar cómo quiere ser, a pesar de todo lo que ha pasado. También averiguaremos cuáles son sus recursos personales y externos, cuál es su red de apoyo y entenderemos qué estrategias utiliza para superar las dificultades. En este punto del proceso, tanto el niño como yo, con sombreros de Sherlock Holmes, somos poderosos detectives, lupa en mano, buscando pistas. Así, a través del juego, ya hemos iniciado un levantamiento de blanco sin que esto tenga que ser difícil y pesado para el niño. Hacemos esta encuesta hablando, dibujando, contando historias, con el niño dentro de un refugio o debajo de una manta acogedora, usando títeres, mirando las historias a través de la lente de los binoculares. De todos modos, en este momento de recolección de datos, la imaginación y la creatividad del terapeuta ya están en pleno apogeo. Después de todo, así es como funciona el cerebro del niño cuando no está en peligro, y para acceder a estos datos, el niño necesita sentirse protegido y seguro.

4. Categorías de tipificación de casos

Para tener una visión más amplia del tipo de caso en el que encaja el niño, al menos mientras no haya reprocesado sus traumas, podemos hacer uso de analogías. Aquí presentaré una categorización desarrollada por Gómez (2014) para ilustrar el hecho de que observar los casos desde esta perspectiva nos permite crear estrategias de cuidado más adecuadas para cada niño. La operación en cuestión pretende ofrecer a nuestro pequeño paciente la organización de su historia emocional en el menor tiempo posible, velando por su seguridad y atendiendo a sus necesidades de forma amplia y asertiva.

La metáfora utilizada por Gómez (2014) para describir la mencionada tipología se refiere a los dientes y el bistec. En este caso, los dientes son los recursos que tiene el niño para masticar el trauma, es decir, el bistec. Lejos de ser una forma de etiquetar al niño y su proceso, la analogía nos proporciona un importante porcentaje de asertividad en cuanto a cómo debemos trabajar y con qué manejo, para garantizar un trabajo ferviente con la mayor tasa de resolución posible. Sobre el tema, ella señala:

> *Desarrollé una tipología que me permitió organizar el entorno clínico de cada cliente, generando expectativas adecuadas en cuanto a la cantidad de trabajo y tiempo necesario para recorrer las ocho fases de la terapia EMDR. (Gómez, 2014, p. 21)*

En este contexto, tenemos tres tipos de casos:

a. Tipo 1

Los niños que encajan en esta tipología son aquellos que tienen todos los dientes sanos y en pleno funcionamiento. Generalmente, han experimentado un trauma de un solo evento o pocos eventos traumáticos, con un impacto menos intenso. Por regla general, proceden de familias que tienen una buena estructura afectiva y, por ello, cuentan con un buen repertorio recursivo que puede actuar como apoyo, en caso de necesidad. Los niños que cumplen con las características de Tipo 1 construyen sus vínculos afectivos sobre una base segura, lo que favorece el desarrollo del apego seguro. Frente al bistec, suelen masticarlo con confianza, sin mayores dificultades, ya que son suaves y no exigen tanto esfuerzo con dientes fuertes.

b. Tipo 2

Generalmente, los niños que forman parte de este contexto ya han vivido varias experiencias traumáticas, llegan con varios dientes faltantes y grandes trozos de carne para masticar. Por lo general, viven en familias en las que las disfunciones emocionales son más frecuentes, lo que repercute de manera importante en la calidad de su vida afectiva y en su capacidad para realizar la regulación emocional. Los niños con historias que los encuadran en las características del Tipo 2 experimentan una conexión inestable con el cuidador, resultado de un apego afectivo basado en lazos emocionales sueltos. Por lo tanto, es probable que los tipos de apego más frecuentes en esta categoría sean el apego evitativo y el ambivalente. Es posible que tengamos que cortar los filetes en trozos más pequeños para que el niño no se atragante al intentar masticarlos. Dadas estas condiciones, puede ser necesario un trabajo multidisciplinario para ayudar tanto al niño como a su familia.

c. Tipo 3

Según Gómez, "estos niños tienden a ser más difíciles de tratar y de involucrarse en la terapia EMDR, y pueden experimentar un trauma temprano crónico y severo" (2014, p. 22). Por lo general, tienen muy pocos dientes, cuando los tienen, y muestran un gran miedo a masticar los filetes, que son duros, fríos y poco sabrosos. El primer paso del proceso es que superen el miedo de comer el bistec, en la medida en la que van recibiendo los implantes. Las familias de las que forman parte suelen ser bastante complejas, con intensas oscilaciones afectivas. El termostato emocional de los cuidadores está descalibrado y ellos mismos provienen de familias con un patrón de apego amenazante y muy empobrecido. Una vez que se aprende la autorregulación, la presencia de un modelo afectivo inconstante, con muchos altibajos, provoca graves daños en la capacidad del niño para autocalmarse. Los trastornos disociativos no son infrecuentes, debido al apego desorganizado. En estas condiciones, el trabajo con la terapia EMDR se torna menos fluido, y requiere frecuentes ajustes en el manejo clínico y constante colaboración con profesionales de otras áreas de la salud mental.

5. Verificando la preparación del niño para experimentar el proceso: el ejercicio de los globos, la pesca de información valiosa

Uno de los objetivos de la Fase 1 es, además de levantar rupturas emocionales, conocer el repertorio de recursos del niño para afrontar el trauma y, a partir de ahí, trabajar para reunir las fuerzas necesarias para el reprocesamiento. El ejercicio que se presenta a continuación, que fue adaptado por Gómez para trabajar con niños, tiene como objetivo comprender con qué recursos cuenta nuestro pequeño cliente, así como saber cómo ve él los hechos difíciles que han sucedido en su vida. Según la autora: "Esta estrategia proporciona información sobre los desencadenantes actuales, las experiencias adversas pasadas y los recursos" (Gómez, 2014, p. 101). El despliegue de esta práctica nos da la oportunidad de acceder a información sobre la cantidad y calidad de estrategias recursivas que necesitaremos para conducir el proceso terapéutico.

Para desarrollar esta actividad necesitaremos globos de diferentes colores. En el primer globo, el terapeuta y el niño representarán las dificultades actuales (disparadores) y los eventos pasados que causan presión emocional (el terapeuta puede, dependiendo de la complejidad de los eventos experimentados por el niño, usar un globo para los disparadores y otro para los eventos del pasado). En el segundo, se representarán los recursos que el niño cree tener para afrontar los retos que se le plantean, además de su habilidad para utilizarlos, de forma autónoma, en situaciones desafiadoras que le generan sufrimiento. A continuación, el terapeuta guía al niño para que elija el globo que representará los desafíos y aquel que informará sobre sus fortalezas. Vamos a comenzar con el globo de dificultades, pidiéndole que piense en lo que le molesta ahora y en aquellas cosas del día difícil (se puede ser flexible, como se indicó anteriormente). Luego, vamos a orientarlo a percibir cuánto molesta todo esto a su corazón y cuánto incomoda a su cuerpo. A continuación, le pedimos al niño que solo, o con la ayuda del terapeuta, infle el globo hasta que sea del tamaño que quiere representar la dificultad: ¿pequeño, mediano o grande? Hecho esto, le pedimos al niño que escriba o dibuje en el globo (el terapeuta puede hacerlo por él) las cosas del día triste. Continuando con nuestra pesca, ahora nos toca conocer la información del segundo globo, que representa las fuerzas recursivas que trae el niño. De la misma manera que hicimos antes, ahora le vamos a pedir al niño que piense en aquello que es bueno y aquello que funciona. Le pedimos que piense en lo que hace o lo que hacen otras personas que la ayudan a sentirse bien, cálida, protegida, amada y fuerte frente a aquellas cosas que la entristecen, atemorizan, asustan o confunden y aburren. A continuación, le pedimos al cliente que descubra el tamaño del globo que representa sus puntos fuertes y lo infle (o nos pida que lo hagamos). ¿Qué tan grandes son sus recursos: son pequeños, medianos o grandes? Luego escribirá o dibujará sus fuerzas sobre ese globo (Gómez, 2014).

Completamos la actividad descrita vaciando el globo con las cosas difíciles dentro de una olla (o una caja, si lo prefieren) que llamamos *olla de digestión* y le decimos al niño que ese contenido estará allí transformándose hasta nuestro próximo encuentro. La idea en este caso es que el niño se dé cuenta de que hay alternativas para enfrentar la dificultad, que tiene con quien contar en la primera sesión, que puede enfrentar esa historia difícil de a dos. Además, como el contenido estará en la olla de digestión, siendo literalmente digerido por un biodigestor (le digo al niño que su cerebro trabajará en ese contenido mientras sigue con su vida, usando un recurso poderoso: un biodigestor y le digo de qué se trata este equipo), ella puede, por supuesto, regularse más, ya que lo que le molesta estará protegido en un compartimento fuera de ella. Siguiendo con el trabajo, antes de finalizar la sesión, jugamos un poco con el globo de recursos. En este punto, todo el contenido positivo y divertido que salga se instalará como una protección extra, además de lo que ya está dentro del globo. A continuación, vaciamos su contenido en el pote de fuerza. Esto (el contenido) representará otro apoyo más en su repertorio de respuestas y servirá como un escudo adicional que puede ofrecerle protección en momentos de necesidad. Otro punto importante es que el niño puede, en otras sesiones, utilizar el contenido del *pote de fuerza* como apoyo extra, en caso de ser necesario. Por ejemplo, se puede utilizar para cerrar una sesión.

Como se ve, un ejercicio de este tipo, además de funcionar como una excelente herramienta de diagnóstico para nosotros los EMDRistas, ofrece a los niños una dimensión lúdica y por tanto más suave de sus pesados relatos.

Una vez planteada la historia disfuncional, los desarrollos relacionados con la historia y los recursos de los que dispone el niño, el terapeuta EMDR realizará la conceptualización del caso y desarrollará el plan de tratamiento. Sobre el tema, Gómez afirma:

La forma en que se organizan y alinean la fase de preparación y todos los demás pasos de reprocesamiento para cada caso específico se basa en última instancia en la información recopilada durante la fase inicial de la terapia EMDR (2014, p. 40).

Será desde esa estructuración que se dibujará el curso del tratamiento, pues necesitamos tener un mapa para caminar en el territorio emocional de nuestro pequeño cliente. Con esa brújula en manos y con su norte geográfico bien definido, cerca del 50% del proceso terapéutico ya estará bien fundado, y proseguiremos en busca de los mejores resultados y a encontrarnos con las escenas de los próximos capítulos.

B. Fase 2 — Preparación: creando los escudos de protección

Cada fase de la terapia EMDR tiene vida propia, una estructura bien organizada que brinda para ese momento específico y para lo que vendrá, las condiciones necesarias para el desarrollo de un trabajo próspero y saludable. En esta terapia, cada palabra ha sido pensada, cada conexión ha sido construida de manera que garantice resultados para la fase en la que se encuentra trabajando el terapeuta EMDR, así como para consolidar el siguiente paso hacia terreno firme y promisorio. Así, una vez averiguada toda la información relacionada con el niño y su historia de vida, es hora de producir un fundamento suficiente para que se produzcan las condiciones necesarias para el enfrentamiento de las historias traumáticas.

Respecto a la fase 2, Shapiro explica que "implica establecer una alianza terapéutica, explicar al cliente el proceso EMDR y sus efectos, abordar las inquietudes del cliente e iniciar procedimientos de relajación y seguridad" (2020, p. 66). Como no se puede ir al frente sin estar debidamente vestido y equipado, usando ropa de camuflaje, casco, chaleco antibalas, binoculares y todo el aparato necesario para enfrentar la condición adversa, el terapeuta EMDR necesita construir con el niño las armas necesarias para el enfrentamiento que vendrá.

1. El sistema lúdico

Como se destacó anteriormente, las estrategias lúdicas necesitan estar presentes a lo largo del trabajo con el niño. A medida que los niños juegan, se forman nuevas conexiones neuronales, que favorecen una capacidad de interacción emocional mejor estructurada y, por tanto, más sana. Los estudios en neurociencia emocional brindan evidencia de que el juego funciona como un agente curativo. Según Nogueira (información verbal)[3], Panksepp[4] sugiere que el juego es uno de los siete sistemas emocionales innatos en el mesencéfalo.

A través de sus experimentos, Panksepp observó que a las ratas les encantaba el juego brusco y producían un sonido distintivo, una especie de silbido, al que llamó risa de rata. Reveló que esa risa estaba modulada por las endorfinas. Señaló que después de peleas duras, los ratones muestran mayores niveles de factor neurotrófico derivado del cerebro (BDNF) en sus cerebros. BDNF es un elemento de la familia de neurotrofinas de factores de crecimiento que actúa para apoyar la supervivencia de las neuronas existentes y fomentar el crecimiento y la diferenciación de nuevas neuronas y sinapsis. El juego estimula la producción de BDNF en la amígdala, la corteza frontal dorsolateral, el hipocampo y la protuberancia. Según Panksepp, la principal función adaptativa del juego puede ser la generación de estados emocionales positivos. En este estado, los animales pueden estar mejor dispuestos y es más probable que se comporten de manera flexible y creativa.

Los niños aprenden a través del juego. Empujar, tocar o luchar serían actividades normales para un niño en crecimiento. Llegó a la conclusión de que la risa es un derecho de nacimiento psicológico del cerebro humano. El juego y el estrés están estrechamente relacionados. Una gran cantidad de juego se asocia con niveles bajos de cortisol, lo que sugiere que el juego reduce el estrés o que los animales libres de estrés juegan más.

El juego también activa la noradrenalina, que facilita el aprendizaje en las sinapsis y mejora la plasticidad cerebral. El juego, especialmente cuando va acompañado de cuidado, puede afectar indirectamente el funcionamiento del cerebro, modulando o amortiguando la adversidad y reduciendo el estrés tóxico a niveles más compatibles con el afrontamiento y la resiliencia.

---

3 - *Charla de la Dra. Regina Lúcia Nogueira, PhD, durante Live: ¿Quién mató a Odete Roitman? el 25 de mayo de 2020.*

4 - *Neurocientífico que acuñó el término "neurociencia afectiva" y que evidenció la existencia de 7 circuitos afectivos, entre ellos el del Juego.*

Panksepp afirmó que este funcionamiento próspero, proporcionado por el juego de contacto, fertiliza el cerebro (Nogueira, 2020, información verbal). Así, el juego será el hilo con el que coseremos el tejido emocional de nuestros pequeños clientes, favoreciendo el desarrollo de redes neuronales funcionales y la reconexión con redes de memoria positiva, imprescindibles para la consolidación y mantenimiento de una vida afectiva sana y estructurada.

2. Preparando al niño para comprender el trabajo: hablando sobre traumas

Para posibilitar el desarrollo del trabajo de reprocesamiento que se realizará, es parte de la preparación hablar con el niño sobre qué son los traumas. Para ello es muy recomendable el uso de metáforas, ya que son el alimento del hemisferio derecho, donde residen la imaginación, la creatividad, la conexión con el mundo mágico del niño y, por tanto, con las posibilidades.

Hay varios recursos metafóricos que se pueden utilizar en esta parte de la terapia. La clave es ser consciente de la importancia de ofrecer al niño explicaciones adecuadas a su edad y nivel de comprensión. Es necesario crear recursos que sean útiles y funcionales para cada niño y para su proceso. Shapiro (2020) ya nos había alertado que cada uno de nosotros es único y, por tanto, nuestras redes de memoria también son únicas.

Una de mis metáforas favoritas es la que se refiere a las situaciones difíciles que atravesamos como una mochila llena de cosas mezcladas (Gómez, 2014, p. 50). El objetivo aquí es enseñarle al niño que cuando experimentamos cosas malas, nuestro cerebro se sobrecarga tanto que no nos queda espacio para recordar las cosas buenas, divertidas y felices.

En nuestra mochila ya no hay sitio para las risas y mucho menos para nuestros juguetes favoritos. Parece que hemos empezado a llevar un paquete muy pesado, lleno de emociones, sensaciones y pensamientos mezclados y desordenados. Entonces nos cansamos mucho y todo pierde su diversión.

Otra metáfora que me gusta mucho, y que funciona muy bien con niños mayores, es la del cerebro como una computadora. Comienzo diciéndole al niño que nuestro cerebro tiene un sistema de funcionamiento muy similar al de una computadora. Digo que tiene una placa base, que es la central que permite hacer todas las conexiones para que nuestros sistemas operativos (pensamientos, emociones y sensaciones) funcionen de manera saludable. Pero que, muchas veces, este mecanismo es invadido por virus que corrompen el sistema central y causan enormes daños. Este proceso perjudica el almacenamiento de los archivos que contienen nuestros recuerdos sanos y empezamos a funcionar controlados por comandos que nos hacen actuar de formas muy diferentes a las que realmente nos gustaría. En este punto, podemos dar ejemplos de la forma disfuncional en la que el niño está actuando, debido a eventos traumáticos (Gómez, 2014, p. 51).

3. Enseñando a los niños sobre la terapia EMDR: aprendiendo a hablar en EMDRés (idioma EMDR)

Ahora que el niño ha entendido qué son las malas experiencias y qué provocan, pasemos a la presentación de la terapia EMDR. Para ello, utilizaremos las metáforas ya aprendidas por el niño para presentar de qué se trata precisamente esta terapia. Podemos decir que existe una herramienta muy especial llamada EMDR que es capaz de permitir que nuestro poderoso equipo de trabajo quite esa pesada mochila de la espalda y la organice para que quepan las cosas buenas y felices que habían quedado afuera. De la otra manera, usando la metáfora del cerebro como una computadora, podemos decir que el virus que ingresa y corrompe el sistema es el trauma (o las cosas malas que sucedieron) y que la terapia EMDR es el antivirus que vacunará nuestra computadora y permitirá que todo su funcionamiento vuelva a ser saludable.

Otro recurso invaluable es el libro *Día oscuro y malo... márchate lejos* de Gómez (2008), así como los libros virtuales de la misma autora: *La historia de la ostra y la mariposa: el coronavirus y yo* (2020) y *Mi caja de recursos para el coronavirus* (2020). Los dos últimos fueron traducidos por mí en 2020, ofrecen un recorte muy apropiado sobre la terapia EMDR, y favorecen mucho la comprensión del niño y el trabajo del terapeuta.

Como decíamos al principio, cuando trabajamos con niños, la creatividad siempre será nuestra herramienta más importante. Así, estamos creando posibilidades de interacción con el niño, en la perspectiva lúdica, para trabajar las ocho fases que componen la terapia EMDR, así como para aclarar de qué se trata y cómo funciona esta terapia.

En esta perspectiva, siguiendo la explicación sobre EMDR, utilizo a mi fiel escudero el Dr. Sana Cura y sus tres ayudantes: un títere del cerebro que les dice a los niños quién es, cómo funciona, qué sucede dentro de él cuando pasan cosas malas, y cómo EMDR limpia el desorden que hizo el mal día.

Otra posibilidad que me gusta utilizar con el objetivo de enseñar a los niños sobre la terapia EMDR, y lo que puede hacer por nuestro cerebro cuando nos pasan cosas difíciles, se refiere a los mosqueteros: Jajaca, el caimán; Alfredo, el perrito y Machine, la compu. Con la ayuda de este trío, es fácil entender cómo funcionan el cerebro reptiliano (basal), mamífero (cerebro emocional) y cognitivo (neocortex) en presencia del trauma y cómo la terapia EMDR puede aclarar toda esta confusión.

4. El sistema de procesamiento de la información a estados adaptativos (SPIA): la llave que reconecta el tren del reprocesamiento

El sistema de procesamiento de la información a estados adaptativos (SPIA) es la base que estructura todo el funcionamiento de la terapia EMDR. Según el modelo del SPIA, las redes de memoria (el sustrato del sentido del yo, de nuestros pensamientos, percepciones, emociones, comportamientos e interacción social) son el aspecto principal tanto de la salud como de la patología (Shapiro, 2020, p. 38). En este contexto, el SPIA se refiere a la forma en que se procesa y almacena la información en las redes de memoria.

"Cuando los niños enfrentan maltrato, abandono, rechazo, negligencia y abuso, estas experiencias dejan su huella en el cerebro en forma de redes cerebrales", dice Gómez (2014, p.2). Como ya se sabe, los recuerdos traumáticos son estáticos: no reciben actualizaciones; se registran en el formato de aprendizaje dependiente del estado. A partir de esta configuración, el niño pasa a mirar su entorno con los anteojos del trauma y será precisamente a través de la reactivación del funcionamiento del SPIA que el tren del reprocesamiento volverá a deslizarse por las vías.

Para enseñar a los niños de qué se trata el SPIA (un ayudante increíblemente poderoso), puse en acción al Dr. Sana Cura y a su acompañante, el pequeño tren. Este último introduce al pequeño paciente en cómo funciona la terapia EMDR y le enseña quién, en nuestro trabajo, es el SPIA (la llave que vuelve a poner en marcha el tren), el tren (el reprocesamiento), el maquinista (el cerebro), las vías (el sano funcionamiento del cerebro), el pasajero (el propio niño) y la estación de curación (la resolución del trauma). La actividad en sí consiste en poner a andar un tren, con el Dr. Sana Cura que narra lo que sucede con el procesamiento cuando el trauma ingresa al circuito. A continuación, el Dr. Sana Cura enseña cómo el reprocesamiento vuelve a su funcionamiento natural una vez que la terapia EMDR entra en acción.

5. Enseñando sobre la señal de Pare

A menudo, durante el reprocesamiento, los clientes se sienten abrumados, demasiado afectados, y con los niños esto también puede suceder. En esos momentos, es importante detenerse, ayudar al paciente a reestructurarse y, si es posible, continuar con el reprocesamiento. El costo-beneficio más importante de la terapia EMDR es que, aunque a veces experimentamos los aspectos difíciles que traen los recuerdos traumáticos, continuamos con el trabajo para que el cerebro pueda digerir lo que se ha almacenado disfuncionalmente. Sin embargo, si dicho acceso se vuelve demasiado intenso, el cliente debe saber que tiene derecho a pedir que se detenga. Pedir que se detenga no significa que el niño no sea valiente, solo significa que tiene un límite y eso es saludable. Él necesita saber esto y es el papel de su terapeuta hacérselo saber.

Es importante recordar que, durante los eventos traumáticos, a la persona no se le respetó su límite, se la invadió. Por lo tanto, cuando le presentamos la señal de alto al niño y le enseñamos cuándo se puede usar, si necesita usarla, nos detenemos de inmediato. El lema es: aceptamos puntualmente y luego comprobamos qué pasó y si es posible continuar.

Para garantizar este derecho y su efectividad, he enseñado a los niños que pueden levantar la mano, pedir verbalmente que nos detengamos, cerrar los ojos (si estamos haciendo estimulación visual), usar mi mano de goma o usar señales que indiquen esta opción. Independientemente de la estrategia que elija, lo importante es dejar claro cuándo se debe usar esta señal; de lo contrario, cada vez que el niño acceda al material desadaptativo, pedirá que se detenga.

6. Metáforas

Para los niños mayores, el uso de la metáfora es tanto posible como necesario. Cuando se usa la metáfora durante el reprocesamiento, permite crear una sana distancia entre el cliente y la historia difícil que se está reprocesando. Por ello, esta característica ofrece seguridad, manteniendo al cliente dentro de la ventana de tolerancia, garantizando su estabilidad emocional y permitiendo continuar con el reprocesamiento.

Además de las metáforas que utilizamos con los adultos, la del tren o el autobús, así como la de la película que se proyecta en la pantalla de cine o televisión, me encontré con otras posibilidades que traen los mismos niños, como el avión o el dron, que puede sobrevolar la historia y dejarla atrás. Una vez, un niño optó por imaginarse que una cámara filmaba lo que le había sucedido y se alejaba de la historia, dejando todo eso atrás, lejos de él, mientras nosotros seguíamos viajando en el tren de reprocesamiento.

Así, independientemente de la metáfora utilizada, lo que hay que garantizar, si el contenido que se reprocesa se torna demasiado intenso e insoportable para el niño, es su alejamiento temporal de la historia, asegurándonos de que permanezca dentro de su ventana de tolerancia para luego continuar con el reprocesamiento. Un punto muy importante en este contexto es tener en cuenta que el uso de la metáfora (si es necesario) posibilita que el paciente se aleje del punto crítico de la historia disfuncional, favoreciendo la continuidad del proceso (siempre que sea posible); ese es nuestro enfoque en el trabajo y lo que se está haciendo con el paciente.

7. Barcos que se cruzan

La terapia EMDR tiene una forma particular de trabajar. Enseñar a los niños al respecto, además de conferirle gracia y ligereza al trabajo, les permite a ellos convertirse en participantes activos de todo el proceso. Mantener su sistema de juego activo nos permite lidiar con los aspectos desadaptativos del trauma con menor carga de estrés o casi ninguna, favoreciendo el trabajo que acoge e inspira, la mayor parte del tiempo.

Para enseñar cómo se verán nuestras sillas durante la sesión de terapia, explico que nos vamos a posicionar como barcos que necesitan continuar su viaje de manera segura, sin chocar. Con nuestros gorros de capitán en la mano, colocamos las sillas cerca, aunque desacopladas, mientras imaginamos que navegamos con nuestros barcos por el mar del reprocesamiento.

La función de esta posición es conseguir que estemos fuera del campo visual de nuestro paciente, tanto para no perjudicar su reprocesamiento como para no engancharnos con los movimientos bilaterales (MB) que estemos realizando con él.

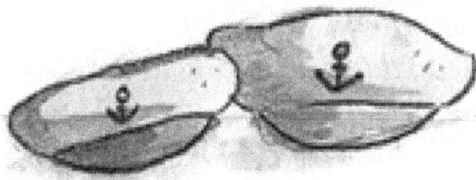

8. Presentando a los ayudantes de la terapia EMDR y enseñando a los niños los movimientos bilaterales

Al desarrollar el trabajo de preparación, presento a mis ayudantes al niño antes de enseñarle sobre los movimientos bilaterales (MB). El objetivo de este paso es lograr el beneficio de poder demostrar los movimientos, con la participación de este recurso (los ayudantes). En ese momento entra en escena el grupo más tierno y poderoso del planeta: títeres, muñecos de dedo, muñecos rusos, muñecos vietnamitas, miniaturas, peluches y una variedad de juguetes más. El niño, además de familiarizarse con estos recursos, se enfrenta a la realidad de que realizará su proceso acompañado de un equipo de ayudantes. Esta realidad hace toda la diferencia.

Para poder realizar el reprocesamiento, después de acceder al blanco, necesitaremos moverlo hacia una resolución saludable. Esta operación en sí solamente es posible cuando, tras abrir la caja de Pandora (más información abajo) para un blanco determinado, empezamos a utilizar movimientos bilaterales. Son ellos los que nos permiten pisar el acelerador de reprocesamiento tras encender el motor de arranque.

Para presentarle al niño los movimientos oculares podemos utilizar puntos con los dedos, títeres, animales en miniatura, personajes, lápices de diferentes formas, peluches, muñecas rusas, varitas mágicas, entre otros. Cuando le presento los movimientos oculares a mi pequeño paciente, le informo que para hacer esta terapia es muy importante tener nariz. Luego sigo diciendo que cuando detengo el movimiento y cierro mis manos justo en frente de tu nariz, significa que hemos terminado esa vez, hasta que volvamos a continuar.

En cuanto a los movimientos auditivos, el uso de auriculares con música bilateral, bolígrafos que hacen clic o el chasquido de los dedos junto a las orejas del niño, son algunos ejemplos que funcionan muy bien y que a los pequeños les encanta.

En cuanto a los movimientos táctiles, tocar las manos o las rodillas del niño con cepillos suaves, plumas, bolas de algodón de colores y pompones suaves son recursos valiosos. Otras posibilidades como el abrazo de la mariposa, King Kong o marchar como un soldado nos permiten mostrarle al niño qué movimientos táctiles se pueden realizar durante el reprocesamiento. Además, el niño puede utilizar una pelota o plastilina, por ejemplo, para jugar entre una mano y otra y realizar estimulación táctil.

Con respecto al contexto en línea, además de las estrategias enumeradas anteriormente, el terapeuta puede usar su creatividad para grabar videos cortos usando títeres, títeres de dedo, varios juguetes para demostrarle al niño cómo hacer los MB. Además, el terapeuta puede guiar al cuidador para que los haga.

9. Lugar Seguro/Tranquilo

Shapiro se refiere a este recurso como un oasis emocional que puede ser utilizado por el cliente "[...] como una ayuda para disminuir la perturbación, para terminar la sesión o como una forma de lidiar con el contenido perturbador que pueda surgir entre sesiones" (2020, p. 117). En este sentido, desarrollaremos con el niño estrategias de contención y acogida que le permitan cambiar su estado, y funcionen como un refugio acogedor, un bálsamo para el alma.

Existen varias posibilidades cuando se trata del lugar seguro/tranquilo o de una condición de seguridad. Ha sido muy común en mi práctica construir con el niño, a través del dibujo, un recurso de protección que puede ser un lugar en sí mismo, un superhéroe, un ángel, entre muchos otros. Es importante aclarar que este recurso debe brindarle seguridad, acogida, calidez y protección. He visto surgir castillos, reinos encantados, animales mágicos, angelitos, chicas súper poderosas, superhéroes y todo tipo de posibilidades que ilustraban cómo el niño se imaginaba a sí mismo siendo y permaneciendo protegido. Después de crear este recurso, se debe instalar siguiendo todos los pasos relacionados con el procedimiento de lugar seguro/tranquilo.

Para este trabajo conjunto, se pueden usar lápices de colores, crayones, pegamento de colores, brillantina, pintura gouache, pintura que brilla en la oscuridad, lentejuelas, cintas de diferentes colores, papel blanco y de colores, papel manila, marcadores, pegatinas y una variedad de otras maravillas, para crear el lugar seguro/pacífico. Tan pronto como el recurso está listo, hago un trato con el pequeño artista que lo desarrolló: fotografiamos su obra de arte, la enviamos al celular del cuidador y le pedimos que haga una copia en tamaño original y una reducción. En cuanto al estampado, pido al padre que elabore un cuadro o un marco junto con el niño, que debe colocar en su habitación, en un lugar visible y accesible para que pueda manipularlo si necesita sentirse seguro y cómodo ante cualquier situación. Respecto a la reducción, esta funcionará como un recurso extra, un amuleto protector, que podrá llevar el niño adonde quiera que vaya. Los espacios como la mochila, el bolso, la billetera, la lonchera, el bolsillo de la ropa, por ejemplo, son excelentes lugares para llevarlo. El dibujo actuará como ancla para acceder a estados emocionales positivos y reforzarlos.

Dibujos de autoría de los pacientes representando
el lugar seguro/ tranquilo y la condición de seguridad

10. Recursos adicionales para realizar el cambio de estado

Uno de los objetivos más importantes de la Fase 2 es enseñar al niño que puede contar con recursos que le permiten salir de un estado turbulento, aterrador, paralizante, a un estado de tranquilidad y protección.

Como señalan varios estudios, la autorregulación necesita un modelo a desarrollar. Según Gómez, "el cómo el bebé o el niño percibe el sistema de compromiso social de sus cuidadores es de crucial importancia en la manera en que se forman las percepciones internas de sí mismo, del otro y del mundo" (2014, p. 8). El bebé —ser humano 100% dependiente del cuidado del otro— necesita, desde sus primeros segundos fuera del vientre materno, de un cuidador que le ofrezca las condiciones básicas para sobrevivir. El llanto y las expresiones faciales son medios por los cuales, instintivamente, reclama sus condiciones de supervivencia; el abrazo y el calor, tan necesarios para generar regulación afectiva, deben estar presentes en lo que se ofrece al bebé.

Cuando el niño nace, su termostato interno, es decir, su capacidad para enfrentarse emocionalmente con el mundo que lo rodea, está *in natura*, necesita recibir información que calibre su funcionamiento sano y organizado. A menudo, el termostato del cuidador principal funciona de forma errática, con muchos altibajos, debido a un mal funcionamiento en su regulación afectiva, provocado por su propia historia traumática. Entonces, no siempre es suficiente el lugar seguro/tranquilo para que el niño regrese a su ventana de tolerancia.

En estas situaciones, en las cuales los niños presentan historias compatibles con los casos Tipo 2 o 3 (según lo descrito en las categorías de tipificación de casos), quizá no exista un lugar seguro debido a los constantes cambios de humor del cuidador. En casos como estos, el terapeuta EMDR necesita recurrir a ellos de otras formas, ofreciendo la posibilidad de apoyarse en otras estrategias.

11. Jugando e instalando recursos simultáneamente

Una forma prometedora de trabajar con la instalación de recursos es a través de juegos y bromas. Mientras el niño se dedica a una actividad lúdica (por ejemplo, un juego de mesa, cartas o cualquier otro juego que lo mantenga conectado con estados emocionales positivos: rayuela, juego de globos, juegos de palmadas, tres en raya), le pedimos que nos siga contando las emociones y sensaciones especiales que está experimentando, dónde las percibe en su cuerpo y luego, iniciamos la instalación de estos recursos con los MB. Para los niños más pequeños, esta dinámica es bastante prometedora. En el caso de niños mayores, con más capacidad de seguir un paso a paso (el terapeuta debe comprobar su capacidad de comprensión de instrucciones), podemos trabajar con el guion de instalación del lugar seguro/tranquilo, utilizando la palabra clave, con autoacceso, con acceso con una molestia menor, y luego le pedimos al niño que acceda al recurso por sí mismo. El objetivo de esta gestión, además de instalar la condición de seguridad, por supuesto, es verificar si el niño puede utilizarla de forma autónoma, para realizar el cambio de estado emocional y ajustarse dentro de la ventana de tolerancia.

12. El protocolo Flash y el sistema lúdico
(con la colaboración de Fátima Azevedo Ignácio[5])

Flash[6] es un protocolo de instalación de recursos desarrollado por Philip Manfield[7], que tiene como objetivo reducir la intensidad de los recuerdos perturbadores a través del proceso de desensibilización. Su uso permite, por regla general, reducir rápidamente y con éxito el impacto emocional, permitiendo que el niño experimente estados de relajación y calma.

5 - Psicóloga, Terapeuta Cognitivo Conductual, Terapeuta en Hipnose Clásica y Ericksoniana, Psicoterapeuta EMDR y Brainspotting, Máster Practitioner en PNL y Entrenadora en Neurofeedback

6 - Para obtener más información, consulte el sitio web: www.traumaclinicbrasil.com.br

7 - Philip Manfield, Ph.D., es terapeuta, supervisor y capacitador de terapeutas EMDR, así como autor de libros sobre terapia EMDR y procesamiento de traumas.

He estado usando este protocolo con niños y he obtenido resultados efectivos y muy especiales. Es importante aclarar que tiene una estructura específica, lo que hace posible su manejo adecuado.

En la terapia EMDR y los abordajes complementarios con niños, Gómez menciona una encuesta de asesinos en Texas, que mostró que estos no recordaban la presencia del juego en sus vidas (Brown apud Gómez, 2014, p. 6). Investigaciones realizadas con gatos y ratones, citadas por Gómez en el libro mencionado anteriormente, demostraron que, ante la presencia del miedo, el juego cesa. Según Panksepp, "la alegría se inhibe por la exposición [...] a emociones negativas, como la soledad, la ira y el miedo" (Panksepp apud Gómez, 2014, p. 5). La función más importante del cerebro es asegurar "nuestra supervivencia, incluso en las condiciones más difíciles. Todo lo demás es secundario", dice van der Kolk (2020, p. 67).

Dado lo anterior, parece que el sistema de juego se apaga ante las experiencias amenazantes y adversas, en la medida en que necesita (el cerebro) ser consciente de los riesgos para la vida. Así, ofrecer al niño recursos para que su sistema de juego permanezca funcional favorece el buen funcionamiento del sistema de participación social, contribuyendo a la regulación afectiva y brindando oportunidades para el trabajo de reprocesamiento del trauma.

Gómez afirma: *"El juego puede facilitar enormemente la conexión y la sensación de seguridad que experimenta un niño con el terapeuta durante las sesiones de EMDR"* (2014, pp. 87-88).

Durante el trabajo con el protocolo Flash, luego de colocar el evento perturbador en un contenedor potente y encender las alarmas sonora, luminosa y vibratoria (esta es una adaptación que incluí para trabajar con niños), establecemos el recurso de compromiso que utilizará el paciente. A partir de ahí seguiremos la estructura del protocolo y en la secuencia le enseño que voy a decir la palabra "flash" y él va a parpadear como si estuviera sacando una foto de lo bueno que quiere fortalecer, luego diré la palabra "mueca" para que haga la cara más divertida que pueda. Así, con cada serie de flashes, el niño fortalece el recurso que se está instalando (mediante series cortas de movimientos lentos) y accede a su sistema lúdico a través de la diversión que le ofrece la cara divertida. Lo mismo se puede hacer durante una actividad agradable que está realizando el niño, como un juego, la creación de un dibujo, entre muchas otras posibilidades. Durante ciertos momentos, el terapeuta puede decir "flash" y hacer muecas para ayudar a su pequeño cliente a reconectarse con la función de compromiso ya instalada. Otra posibilidad es instruir al cuidador para que repita este ejercicio en casa, siguiendo el guion que fue indicado por el terapeuta, durante actividades placenteras para el niño.

13. Protocolos de Desarrollo e Instalación de Recursos (DIR) y Pilares de la Vida

Otros dos recursos valiosos que he estado usando con niños antes de comenzar a reprocesar son los protocolos DIR[8] y Pilares de la Vida[9]

El DIR es un protocolo de recursos que pretende ofrecer al paciente un plus de fuerza cuando su repertorio de respuestas positivas se muestra escaso. La estructura del DIR nos permite trabajar con tres categorías de recursos que abarcan los siguientes dominios de experiencia: dominio, relacional y simbólico, los cuales pueden ser instalados a medida que el niño necesite fortalecerse para enfrentar ciertas dificultades. Como el objetivo de toda estrategia recursiva en la terapia EMDR es aumentar el acceso a las redes de memoria positiva, favorecer el cambio de estado, ampliar la ventana de tolerancia del paciente, así como aumentar su capacidad de autorregulación, los recursos adecuados para ello incluyen alegría, competencia, confianza, asertividad, postura de afrontamiento saludable, entre otros. El protocolo DIR tiene una guía específica a través de la cual el terapeuta de EMDR sigue paso a paso las directrices hasta que los recursos estén completamente instalados.

Pilares de la Vida es un protocolo de recursos muy útil cuando se trabaja con niños. Hace posible la construcción de bases donde

---

8 - *Cf. Manual de EMDR – capacitación y consultoría de EMDR (2019)*

9 - *Cf. Ver Manual EMDR – EMDR Capacitación y Consultoría (2019) e Informa-ción en el sitio web: www.traumaclinicbrasil.com.br*

parecía no haber ninguna estructura sobre la que pararse. Así como una columna necesita tener un buen soporte, con el objetivo de resistir una construcción sólida, el pilar —elemento esencial— necesita ser fuerte, sin daños ni grietas. Por eso siempre se refiere a estados emocionales positivos generados por experiencias sanas de acogida, reconocimiento, bienestar, alegría, historias que funcionaron, que sustentan y que permiten una vida sustentada. Al igual que en el DIR, existe un protocolo único para instalar los pilares, cubriendo una secuencia a partir de un ICES positivo, sumado a un consejo o mensaje que deja el pilar específico y que se instalará. A partir de esta dinámica, uno tras otro, los pilares se irán instalando con series cortas y lentas de MB.

Cualquiera de estos es desarrollado con facilidad, ingenio y mucha creatividad por parte del pequeño cliente. Dependiendo de la edad del niño, se deberá considerar la adecuación del idioma.

A continuación, presento dos ejemplos de tales recursos construidos por dos niños.

Arriba, un ejemplo de Pilares de la Vida. A la izquierda, la lechuza representa el DIR (recurso simbólico).

Dibujos de autoría de pacientes. Reproducción autorizada por el responsable.

14. La respiración como recurso

Enseñar a los niños la riqueza de usar la respiración como recurso es una estrategia valiosa. Siempre les digo a mis pequeños pacientes que respirar es lo primero que hacemos cuando nacemos y eso es prueba de que somos muy hábiles, muy poderosos y especiales desde muy pequeños. También digo que cuando respiramos con calma, podemos sentirnos bien y felices.

A continuación, presento algunas respiraciones divertidas que pueden convertirse en un mantra para el niño. Cambiar el estado usando la respiración es uno de los recursos más efectivos que conozco, en la medida en la que el propio niño puede controlarlo, lo cual genera empoderamiento.

a. La respiración de la serpiente

• Debemos pedirle al niño que se siente derecho en una silla.

• A continuación, deberá colocar sus manos sobre su vientre y, en la secuencia, aspirar el aire por la nariz mientras cuenta hasta 4, y nota que su barriguita se expande.

• Después va a soltar el aire haciendo un ruido de serpiente (sibilancia).

b. La respiración del elefante

• Para hacer este ejercicio más atractivo, digámosle al niño que ahora se va a convertir en un elefante y que va a aprender a respirar como él.

• Pidamos al niño que se levante y abra un poco las piernas. Juntará sus brazos, para simular la trompa del elefante.

- Al inspirar profundamente por la nariz, levantará los brazos como si fueran la trompa del elefante.

- A continuación, va a exhalar, soltando el aire por la boca, haciendo ruido de mar y bajando sus brazos mientras se inclinan un poquito y al mismo tiempo que baja la trompa del elefante.

c. La respiración del globo

- Para realizar este ejercicio, vamos a pedirle al niño que se siente cómodamente en una silla, manteniendo la espalda recta.

- Después le decimos que se imagine un globo con su color favorito.

- A continuación, le pedimos que aspire aire por la nariz y que imagine que se está llenando el globo, hasta que quede muy grande.

d. La respiración del león

- Para hacer esa respiración, el niño va a colocar sus manos en el suelo, quedándose en cuatro patas, cual si fuese un león.

- Luego tomará aire por la nariz y notará que su barriguita se expande a medida que la espalda baja.

- A continuación, va a exhalar por la boca, vaciando su barriga, mientras esta vez, su espalda se eleva un poco.

e. Respirando con el animalito de peluche preferido

• Otra manera de hacer que la respiración sea un ejercicio lúdico para el niño, es pedirle que elija un animalito de peluche y se acueste con él encima de su barriga.

• Después le vamos a pedir que inhale y exhale, observando cómo sube y baja a medida que su barriga se llena y se vacía. Pidámosle que repita el movimiento unas cinco veces.

f. La respiración del chocolate caliente (ejercicio creado por Daniela Lempertz, miembro del equipo de trabajo de la Global Child-EMDR Alliance)

Pidámosle al niño que imagine que tiene una taza de chocolate caliente en sus manos. Es delicioso, pero está demasiado caliente para beber. Así que digámosle al niño:

• Imagina que estás oliendo el buen olor de ese chocolate, hmmm, delicioso.

• Pero como está muy caliente, sopla muy despacio. Luego vuelve a oler el chocolate y sopla una vez más.

• Ahora cierra los ojos y observa dónde sientes comodidad en tu cuerpo.

• Abre los ojos muy despacio y haz el abrazo de la mariposa, centrándote en esa agradable sensación (movimientos lentos y pocos).

• Cierra los ojos y respira profundo dos veces.

• Para terminar, imagina que eres ligero como una nube y… respira hondo.

Para permitir una mayor efectividad de tales estrategias de autorregulación, se debe instruir a los cuidadores sobre los ejercicios de respiración trabajados con el niño y se les debe indicar cómo ayudarlos a practicarlos en casa.

15. El polvo de pirlimpimpim

Una niña pequeña y yo una vez estábamos trabajando en su preparación para comenzar a reprocesar un evento traumático importante. Estábamos bien metidos en el proceso cuando me pidió mirar un libro de cuentos encantados que estaba en mi estantería. Eligió la historia que quería conocer y me pidió que la leyera. Al final me confesó que se sentiría feliz y protegida si tuviera su propio frasco de polvo de hadas. ¡Qué idea tan espectacular la que tuvo: si este polvo le funcionaba como un recurso poderoso, en la próxima sesión estaría en sus manos, por supuesto!

Le dije que tenía mucha suerte, le dije que yo era amiga de Memeia (tengo una bruja buena en mi oficina) y que ella vivía en el reino encantado y era amiga de muchas hadas. También le dije que cuando se dan cuenta de que un niño necesita ayuda, preparan un polvo de hadas especial solo para ellos. Sus ojos brillaban como nunca los había visto antes; parecían haberse llenado de esperanza. Hice los arreglos para hacer un pedido de entrega especial y cuando volviera para la siguiente sesión, su polvo de hadas la estaría esperando. Aproveché la oportunidad para instalar esa alegría genuina y esperaba con ansias nuestro próximo encuentro. Bueno, habíamos creado un recurso valioso. En mi opinión, todo terapeuta que trabaja con niños lleva el don de ser un hada artesana.

Así surgió el polvo de pirlimpimpim: una deliciosa mezcla, compuesta por unas bolsitas de gelatina de varios sabores, colocadas en un bote transparente, decorado con cintas de colores. Cuando la niña vuelve a la próxima sesión, le muestro el regalo de hadas. Aunque las demandas de cada niño son bastante específicas, sus reacciones suelen ser las mismas: sentimientos de alegría y gran satisfacción.

Como estrategia, agrego una pizca de polvo mágico a las reacciones del niño, pidiéndole que lo huela, lo pruebe y luego hago una serie cortita de MB muy lentos. El frasco mágico se va con el paciente a casa junto con la prescripción es un pellizco sublingual, minutos antes de acostarse, simbolizando el recurso que necesita: coraje, alegría, coraje, fuerza o lo que haga falta.

16. La burbuja protectora

Para construir y ampliar los límites de protección y contención del niño, un recurso muy útil es la burbuja protectora. Siempre debemos recordar que las víctimas de eventos traumáticos, sean los que fueran, se enfrentan al hecho de que sus límites han sido traspasados, invadidos. Según Gómez:

"Cuando se han traspasado los límites protectores, ayudar al niño [...] a desarrollar un sentido saludable de los límites personales debe ser parte de la fase de preparación" (2014, p. 63). El objetivo de esta estrategia es permitir que el niño cree una contención concreta, que él mismo pueda controlar.

Para desarrollar este recurso, pídale al niño que se ponga de pie con las piernas un poco separadas (para promover el equilibrio y la seguridad), luego pídale que se imagine dentro de una burbuja que lo rodea por completo, construyendo un campo protector dentro del cual pueda sentirse seguro.

Se puede decir: "Dentro de la burbuja interior, estás tú, tus sueños, deseos, emociones y sensaciones buenas, suaves y felices. Afuera están los otros, con sus demandas y su forma de ver las cosas. Imagina que adentro de esta burbuja tuya, todo lo que sientes y piensas bien de ti está protegido. Estira los brazos hacia arriba y toca tu burbuja. Luego, desliza tus manos y siente tu burbuja, mira hasta dónde llega y cómo te ofrece un espacio agradable y especial dentro del cual te puedes sentir muy bien. Imagina que tiene tu color favorito o que tiene todos los colores del arcoíris. Imagina que tu juguete favorito está ahí contigo, mira lo divertido que es. Ahora observa dónde sientes estas cosas especiales en tu cuerpo y haz el abrazo de mariposa (o King Kong).

Respira hondo y déjate llevar". El terapeuta debe respirar junto con el niño para generar conexión positiva.

Observe cómo se siente el niño, si reporta sensaciones y emociones positivas; realice el procedimiento una vez más. Si es necesario, ajuste el ejercicio para alcanzar recursos saludables. A continuación, ayudamos al niño a comprender cómo es que invaden su límite. Para ello, podemos introducir lentamente una de nuestras manos dentro de la burbuja o utilizar un juguete. Luego, comprobamos con el niño cómo se siente en su cuerpo, en su corazón y en sus pensamientos. Luego le indicaremos que empuje suavemente nuestra mano o que coloque el juguete afuera. Le pedimos que sienta lo que es volver a tener su burbuja protectora para él solo y lo invitamos a que vuelva a tocar toda la burbuja. Si reporta sentimientos y sensaciones positivas, haremos otra serie de MB.

Para que podamos garantizar al niño el respeto por los recursos que se desarrollaron durante las sesiones y asegurar que sean considerados y comprendidos por los cuidadores (quienes deben ver cómo estimulamos, para que sean nuestros ayudantes), estos deben ser orientados sobre esta dinámica y colaborar con ella siempre que sea necesario. Recuerde, todo trabajo terapéutico con niños requiere colaboración.

C. Fase 3 — Evaluación: abriendo la caja de Pandora

Después de habernos cerciorado con los cuidadores y el niño de su historia de vida, de haber llevado a cabo la preparación, enseñado estrategias de cambio de estado y asegurado que nuestro pequeño cliente esté listo para comenzar a reprocesar, estamos listos para comenzar a acceder al terreno del trauma.

En la Fase 3, básicamente, el terapeuta EMDR va a definir con el paciente el blanco a ser reprocesado, buscará las historias que lo alimentan, y planteará los elementos específicos del blanco por medio del acrónimo ICES (Ingreso sensorial, Creencias, Emociones,

Sensaciones corporales y en dónde se sienten en el cuerpo, además de las escalas de la línea de base: VoC y SUD). "Durante la fase de evaluación, el terapeuta determina los componentes de la memoria blanco y establece las medidas de referencia para las reacciones del cliente al proceso" (Shapiro, 2020, p. 124).

Para desarrollar la Fase 3 con el cliente, he utilizado el sombrero de Sherlock Holmes y su maravillosa lupa, llevando la dimensión lúdica a un contexto que puede llegar a ser muy intenso para el niño. A menudo digo: "Hoy vamos a usar nuestros sombreros de detectives y nuestras increíbles lupas, para descubrir las pistas importantes que nos ayudarán a comprender qué sucedió y cómo sucedió, para resolver este misterio de una vez por todas y ya no permitir que sufras por ello."

Entonces le digo al niño: "Ahora, me vas a ayudar con nuestro equipo de detectives." Armé un kit con tarjetas que le permiten al niño informarme sobre los elementos del ICES; también contiene cucharas de medir, regla, goma, revistas para cortar, las gafas para ver las historias de otra manera y otros elementos que sean necesarios. Todos estos elementos se le presentan al niño; incluso se le dice cómo nos ayudarán en este momento. Así que digo: "Tomemos las tarjetas de colores con las pistas sobre pensamientos, emociones, sensaciones corporales y medidores de pensamientos buenos y malos. También tomaremos papel y lápiz para dibujar nuestras otras herramientas de trabajo". Con la estación de trabajo montada, continuamos con el proceso. Vamos a coger también papel y lápiz para dibujar, y nuestras otras herramientas de trabajo."

1. Llegando al blanco en sí

Con nuestro kit listo, vamos a guiar al niño. En ese momento suelo decir: "Ahora, tú, yo y nuestro equipo de trabajo: tus dos hemisferios, los dos del Dr. Sana Cura, mis dos hemisferios, junto con todos los demás ayudantes, comenzaremos a investigar, de forma segura y protegida, todo lo que forma parte de esta historia que te inquieta. Ponte tu sombrero de detective, yo ya me estoy poniendo el mío, y comencemos nuestro trabajo para encontrar algunas pistas. ¿Estás listo? Vamos hacia allá."

2. Estrategias para encontrar eventos más antiguos: conociendo lo que dio origen a la serie

Dependiendo de la edad del niño, hacer uso de las estrategias para encontrar blancos más antiguos (pregunta directa, flotar hacia atrás y escaneo afectivo) no siempre es una tarea fácil o posible. Sin embargo, cuando el niño tiene un nivel de desarrollo y comprensión que le permite buscar experiencias previas que están contribuyendo tanto a la aparición de los síntomas actuales como a alimentar los detonantes que activan dichas redes de memoria, se recomienda este trabajo (Gómez, 2014, p. 88). Sin embargo, es importante enfatizar que cuando se trata de traumas de un solo evento o traumas simples, los niños suelen presentar redes de memoria poco complejas y, muchas veces, el blanco a trabajar es realmente aquel manifestado por los cuidadores y el niño.

a. Flotar hacia atrás y el escaneo afectivo: mezclando las posibilidades

Para desarrollar el trabajo con niños, siempre que sea posible, considero su capacidad de retroceder en el tiempo en busca de los momentos en los que comenzaron las historias actuales. Así que empiezo la Fase 3 buscando recuerdos más antiguos. Habitualmente he asociado el flotar hacia atrás con el escaneo afectivo para favorecer y facilitar el acceso del cliente a lo que aún pueda surgir.

En esta etapa le digo al niño: "Muchas veces las cosas difíciles que estamos viviendo ahora parecen nuevas para nosotros, parecen estar pasando por primera vez, pero muchos niños me han enseñado que es posible que hayan sucedido cosas similares antes. Puede ser que aparezcan vestidos de otra manera, con máscaras, como si estuvieran disfrazados, pero nos hacen sentir las mismas emociones, sensaciones y tener los mismos pensamientos."

Así que continúo: "Quiero pedirle a tu Dr. Sana Cura que sea el mejor detective que pueda y nos ayude a saber si esto también te sucedió a ti. Toma tu lupa, cierra los ojos y piensa en esa historia difícil que me contaste [repito lo que el niño eligió para trabajar] y deja que el Dr. Sana Cura siga haciendo el trabajo detectivesco más especial de su vida. Vamos a ver si encuentra pistas que nos digan si antes te han pasado cosas parecidas. Deja que viaje hacia atrás, como si fuera una máquina del tiempo, y fíjate cuándo en otros momentos tú o tu cuerpo ha sentido o pensado así de ti. Cuando eso aparezca allí, abre los ojos."

En cuanto el niño abra los ojos, comprobaremos si ha surgido algo más allá de lo que ya habíamos recogido. El siguiente paso será pedirle a nuestro cliente que dibuje lo que le haya surgido o nos lo cuente. Si no han aparecido nuevos datos, se trabajará con el tema previamente definido, de la misma manera que se informó anteriormente (dibujo o informe).

A partir de ahí, el niño nos proporcionará los elementos del ICES a través de recursos lúdicos que nos permitan pisar el terreno del trauma con el menor impacto posible.

3. Llaves para abrir la caja de Pandora

Una vez que se establece el blanco, podemos pedirle al niño que dibuje cómo se ve la historia. El dibujo en sí es una realidad muy común en el trabajo con niños: es el lenguaje más fluido y natural que conocen. Además, he visto que funciona muy bien este recurso como estrategia de distanciamiento, ya que lo que asusta, molesta y hace sufrir a la gente, se está poniendo afuera y se puede ver desde esta nueva perspectiva. Poder alejarnos un poco de lo que nos está movilizando de forma intensa nos da la oportunidad de afrontar el reprocesamiento de forma más rentable, ya que la posibilidad de permanecer dentro de la ventana de tolerancia es fundamental para que podamos trabajar con la terapia EMDR.

Sobre las llaves que usamos para abrir la caja de Pandora, son estas:

a. Ingreso sensorial:

Podemos decirle al niño: "Ahora que el Dr. Sana Cura ya te ha mostrado la historia que sucedió en el día difícil, me gustaría que hicieras un dibujo o usaras fotos de estas revistas para representar cómo ves lo que te pasó o para describir lo peor para ti." A medida que el niño produce esta información, debemos estar a su lado de una manera protectora. Después, suelo pedirle al niño que me presente brevemente ese dibujo. Esta estrategia nos permite obtener un poco más de la historia. Después de ese paso, vamos al siguiente.

b. Creencia Negativa (CN):

Preguntamos: "Cuando miras este dibujo, ¿cuáles son los pensamientos difíciles, desordenados y negativos que aparecen sobre ti en este momento?" Para que el niño acceda a la CN, podemos hacer uso de las tarjetas que la representan.

c. Creencia Positiva (CP):

Preguntamos: "Cuando miras tu dibujo o piensas en él ahora, ¿cuáles son los pensamientos positivos, agradables y especiales que te gustaría tener sobre ti mismo?" Una vez más, hagamos uso de las cartas.

d. VoC (Validación de la CP):

Para evaluar cuánto cree el niño que esos pensamientos positivos son ciertos, podemos utilizar una regla pequeña, una escala de goma, una escala dibujada en el suelo (como si fuera una rayuela permanente o hecha en cada sesión). Es importante explicarle al niño que vamos a hacer algunas medidas muy interesantes en nuestro trabajo en equipo. Ahora en este punto, vamos a querer saber si el pensamiento que el nos informó sobre sí mismo, es fuerte y musculoso. Decimos:

"Ahora, cuando miras tu dibujo y piensas en las palabras positivas (repitamos el CP que eligió el niño) en una línea donde 1 es completamente falso y 7 es completamente verdadero, ¿cuánto sientes (con tu corazón/cuerpo y no con la cabeza) que estas palabras son ciertas ahora, a pesar de lo que ha sucedido?"

e. Emociones:

Sobre las emociones, podemos utilizar cartas que las representen. Pregúntele al niño: "Cuando piensas en ese dibujo o lo miras y piensas en las palabras negativas (repetimos la CN que eligió el niño), ¿qué emociones sientes en este momento? Recuerda, fulano, en nuestro trabajo, las emociones y los sentimientos son lo mismo."

f. SUD (Unidades subjetivas de perturbación):

A través del SUD, estamos buscando la medida de la perturbación emocional. Al igual que con el VoC, la medición del SUD se puede realizar mediante regla, goma, rayuela, escala con caras, metros, post-its con degradados de color, entre otros. En este caso, aclaremos que en esta etapa de nuestro trabajo queremos saber cuánto pesa la historia para el niño.

Dígale a su pequeño cliente: "Ahora, cuando miras este dibujo, me gustaría que me digas, en una regla que va de 0 a 10 y donde 10 es muy perturbador, muy intenso y 0 es sin perturbaciones, sin molestias, ¿cuánto te molesta o te agobia en este momento?"

g. Sensación corporal:

Para comprobar dónde encuentra nuestro pequeño cliente, en su cuerpo, la sensación que le molesta cuando toma contacto con la historia mala, podemos decirle: "Cuando nos pasan cosas difíciles, el Dr. Sana Cura parece encontrar una dirección en nuestro cuerpo donde envía lo que nos incomoda, como una forma de llamar nuestra atención y decirnos que algo no está bien. Ahora, usarás tu lupa de detective (o el detector de sensaciones), tu mano escáner o el tambor con el sonido del mar (este es el tambor del océano, un recurso muy especial que uso para encontrar la sensación del cuerpo) para encontrar dónde está en tu cuerpo. Cuando mires este dibujo ahora, fíjate dónde sientes esto en tu cuerpo o dónde sientes esta "x" [número que dijo el niño en la medida del SUD]." A través de los instrumentos de detección, el cliente realizará un escaneo corporal en busca de la dirección del malestar.

D. Fase 4 — Desensibilización: el Dr. Sana Cura empieza a masticar y a digerir el día malo: el tren del reprocesamiento retorna a su viaje

Como ya se ha hecho la preparación del niño y el trabajo de acceso al blanco, es hora de empezar a reprocesar. El objetivo de la Fase 4 es brindar oportunidades para la asimilación e integración de material previamente desadaptativo a la red positiva de memorias, a través de la desensibilización y el reprocesamiento de la memoria traumática, favoreciendo la transmutación de la historia previamente disfuncional.

Para que el trabajo sea lo más seguro y ligero posible, hay que tener en cuenta que es fundamental mantener activado el sistema de juego del niño, incluso en esta etapa. Cuidar el reprocesamiento de la memoria disfuncional, manteniendo al niño dentro de un sistema estable, le permite permanecer en la ventana de tolerancia durante el proceso. Respecto al juego como terreno en el que nos movemos en la terapia con niños, Gómez dice:

> La incorporación del juego es esencial cuando se trabaja con niños traumatizados. [...] Por lo tanto, la terapia EMDR debe presentarse al niño de una manera atractiva, real y divertida. Las actividades lúdicas mantienen activo el sistema de participación social, lo que permite que el niño explore con seguridad eventos y situaciones que pueden ser perturbadores (2014, p. 38).

Se le debe recordar al niño que use sus ayudantes: los títeres, títeres de dedo, marionetas, el Dr. Sana Cura, el tren de reprocesamiento, la lupa maravillosa y todos los recursos que tenemos a mano para hacer realidad la obra y generar su fruto más preciado: la posibilidad de que el niño mismo escriba una nueva historia.

Para comenzar a reprocesar, generalmente le digo al niño: "Ahora que sabes que tienes un gran equipo con el que puedes contar, comencemos a ver cómo el Dr. Sana Cura es capaz de masticar y digerir lo malo que te pasó. Prepárate, tiene dientes poderosos y un estómago muy fuerte. Recuerda que tienes tu señal de Pare (la manita de color, las señales de Pare, la propia mano del cliente) y que puedes pedirme que pare en cualquier momento. Parar no significa que no seas valiente, solo me dice que has llegado a tu límite y que todos tienen uno. Respetar este punto nos mantiene a salvo. Elige al ayudante de hoy y ¿vamos?"

Cuando el niño me dice que está listo, comenzamos: "Ahora quiero pedirte que pienses [vamos a referirnos a lo que el niño ha creado para representar el evento traumático] en ese dibujo; en ese collage; en esa canción que cantaste; en esa cuerda, piensa en los pensamientos desordenados [repetimos la CN], observa adónde lo sientes en tu cuerpo y sigue a "x" [el ayudante que el niño ha elegido para esa sesión]." Al final de la serie de MB, le digo al niño: "Respira hondo [siempre respiro con ellos] y suelta, o huele una flor y apaga una vela", o incluso: "Respira profundo y suelta, imaginando que estás llenando un globo con aire". Entonces pregunto: "¿Qué vino?" o "¿Qué sucedió?" Después de la respuesta del niño, digo: "Continúa siguiendo a "x" [el ayudante]".

Seguiremos así, entre series de MB y lo que trae el niño, hasta darnos cuenta de que el canal asociativo ha llegado a su fin, mediante respuestas positivas o neutras, o que el niño parece haber perdido el acceso al target. Cuando esto suceda, volvamos al blanco. Diga: "Fulano, ahora que piensas en esta historia mala que el Dr. Sana Cura está masticando, ¿cuánto, en esta regla que va del 0 al 10 y que nos dice que el 10 es muy perturbador, muy intenso y el 0 es nada perturbador, ninguna molestia, esto te molesta o te pesa ahora?"

Cuando el niño es más pequeño, esta medida la haremos con cucharas o medidores o incluso con las manos y los brazos para acercarnos o alejarnos según la necesidad.

Si persiste la molestia (SUD), continuaremos con el reprocesamiento hasta que cese la molestia o se esté acabando la sesión y tengamos que terminarla. Una vez que el SUD llegue a 0, podemos hacer otra serie de MB para fortalecer esta condición y luego pasamos a la Fase 5.

La Fase 4 se considerará completa cuando el SUD llegue a 0 o, como máximo, a 1 adaptativo.

1. Ayudar al niño a reescribir su historia de forma lúdica

Para demostrar las diferentes posibilidades de reprocesamiento con niños, comparto algunos casos clínicos que tuve el gusto de atender. Es importante recalcar que la presentación de estos casos fue debidamente autorizada por los cuidadores y, dependiendo de la edad de los niños, también por ellos mismos, quienes se sintieron muy importantes porque sabían que el trabajo de sanación que realizaban serviría de brújula para que otros terapeutas pudieran ayudar a sus pequeños pacientes. Considerando que los conceptos, el manejo y la secuencia que sustentan la dinámica de la terapia EMDR están bien fundamentados o en vías de consolidación en su práctica clínica, comparto los siguientes tres casos.

Si bien en las consultas se mantuvo la estructura del EMDR, teniendo en cuenta la forma en que se procesaba y almacenaba la información, debido a la corta edad de los dos primeros niños, fueron necesarios ajustes que permitieran abordar los hechos traumáticos en una manera fluida. En cuanto al tercer caso, como la historia se estaba contando somáticamente, el trabajo se realizó a través de un blanco incompleto, ya que la narración se hacía a partir de una herida en el cuerpo del niño. Sobre el hecho, Grand dice que: "Recordamos a través de los síntomas" (2007, p. 120), y fue a través de ellos que el paciente gritaba pidiendo ayuda.

Después de tales consideraciones, pasemos a los casos clínicos.

a. ¿Tienes un cerebro? ¡Entonces reprocesas!

Este caso se refiere a la atención terapéutica de un niño de 1 año y 6 meses afectado por un trauma físico. Luego del episodio que dio origen al evento traumático, el niño comenzó a tener dificultades para dormir, irritabilidad, llanto fácil, bloqueo para seguir ensayando sus pasos y una intensa dependencia de la madre y rechazo a la presencia de otros cuidadores.

Sobre los traumas físicos que pueden convertirse en traumas emocionales, Grand afirma que: "Todo lo que sucede en la mente afecta al cuerpo y todo lo que sucede en el cuerpo afecta a la mente [...]" (2007, p. 138). Este fue precisamente el contexto en el que se desarrolló el proceso traumático que se describe a continuación.

El caso presentado en la secuencia fue realizado en una única sesión de EMDR[10].

La terapia EMDR entra en escena.

Fase 1: Historia clínica

Recibí una llamada de una madre angustiada que me pedía ayuda para lidiar con su hijo y las consecuencias que estaba experimentando después de un accidente doméstico.

La madre, técnica de enfermería en una institución de salud, trabajaba con un psiquiatra y un médico. La cercanía a los prometedores resultados que ofrece la terapia EMDR, además de la confianza en esta profesional, favoreció la búsqueda de ayuda para su hijo que sufría.

Según la madre, el niño siempre fue alegre, amable, divertido. Le gustaba jugar con un primo específico y aceptaba bien la interacción con otros cuidadores. Dormía bien, comía satisfactoriamente y ya mostraba cierto nivel de independencia en el ambiente familiar. Era un niño sano y feliz.

---

10 - *Para presentar el caso descrito, con el fin de ofrecerle a usted, lector, información actualizada, retomé el contacto con la madre y se reiteraron los resultados previamente compartidos.*

Es necesario aclarar que las Fases 5 y 6 no se realizaron por la edad del niño.

La sintomatología que presentó el niño apareció después de un evento específico, sin nexo causal con un evento anterior, lo que permitió identificar que estábamos ante un trauma de evento único. Sin embargo, esto había sido suficiente para dejar una marca importante en el cerebro del niño, lo que explica el trastorno de estrés postraumático (TEPT) que estaba experimentando.

Según los informes maternos, su hijo había terminado de ducharse y había sido colocado en la cama de sus padres, a unos 70 cm de altura, para vestirse. En un corto espacio de tiempo, cuando la madre volteó a buscar el pañal, el niño se cayó de la cama golpeando el lado izquierdo de su cara contra el piso. Debido a la conmoción y el impacto, el niño lloró mucho y cuando se calmó, no mostró signos de mayores dificultades. Sin embargo, con el paso del tiempo comenzó a presentar episodios de llanto, dificultad para dormir, irritación, además de que ya no se levantaba solo de su propia cama, actividad que realizaba tranquilamente antes de la caída.

Cuidando su integridad y salud, al día siguiente de la caída, su madre lo llevó al médico quien, tras exámenes clínicos, no encontró nada. Sin embargo, unos días después, el niño estaba jugando a gatear con un primo, y cuando su manito resbaló, se golpeó el lado izquierdo de la cara contra el suelo una vez más. Posteriormente, se desmayó, se volvió cianótico, hipotónico y se le dobló la lengua. La misma sintomatología se repitió en otros tres momentos cuando el niño apoyó el mismo lado de la cara en el suelo. Luego de tales hechos, cuando el niño recobró la conciencia, según la madre, presentó un llanto muy sentido.

Todavía preocupada, volvió con su hijo al pediatra, quien no pudo encontrar la causa de esos episodios. Al poco tiempo fue llevado al neurólogo, quien, aun habiéndole realizado un minucioso examen clínico y un electroencefalograma (EEG), no encontró ningún dato que justificara lo que estaba pasando.

El caso es que cada vez que el niño se caía y colocaba el lado izquierdo de la cara en el piso, presentaba los mismos síntomas descritos. Según la madre, lo que más intrigaba a todos era que el niño ya se había caído y golpeado el lado derecho de la cara contra el suelo, y no había pasado nada. El factor que provocó el desmayo fue, precisamente, el contacto del lado izquierdo de la cara del niño con el suelo. No cabía duda: estábamos ante un hecho que se había vuelto traumático.

Se llevó a cabo la psicoeducación con la madre, con toda la información relevante para la terapia EMDR y su funcionamiento en el trabajo con niños, incluido el material de lectura, así como la orientación para que ella asistiera a las sesiones de EMDR disponibles en línea. Acordamos que se haría un nuevo contacto, más tarde esa semana, tan pronto como ella terminara de leer y asistiera a las sesiones.

Se hizo contacto, discutimos algunos puntos más y la madre me preguntó: "¿Funcionará esta terapia con mi hijo que es tan pequeño?" Reforcé la idea de que el trabajo con niños se hace con ajustes y consideraciones importantes por la edad, y que se incluye la perspectiva lúdica en todo el proceso. Entonces, para responder a su pregunta, le pregunté: "¿Tu hijo tiene cerebro?" Ella no entendió y preguntó: "¿Qué quieres decir?" A lo que enfaticé: "¿Tiene cerebro?" Y ante su enfática respuesta: "¡Por supuesto que sí!", afirmé: "¡Si tiene cerebro, reprocesará!"

Nos reímos juntas tan pronto como ella finalmente entendió que la terapia EMDR es un enfoque que permite reformular el contenido disfuncional bloqueado en las redes cerebrales. Aprovechamos esta reunión para que se pudiera realizar la preparación. Al fin y al cabo, este paso consolida los cuidados que debemos brindar al paciente y sus cuidadores, incluido el fortalecimiento de la alianza terapéutica, así como las pautas en cuanto al manejo de la terapia EMDR.

Fase 2: Preparación

Para garantizar la mejor acogida del niño y la preparación de la madre y para que la sesión funcionara de forma segura para ambos y ofreciera los resultados esperados, iniciamos la preparación.

En esta ocasión comprobé que la madre estaba tranquila y bien regulada sobre el hecho relatado. Después de todo, ella sería parte fundamental del trabajo a realizar con el niño y necesitaría estar en su ventana de tolerancia para que el proceso se lleve a cabo. Dijo que estaba bien con lo que había sucedido y que nada le impedía participar en la sesión.

Dado lo anterior, le expliqué cómo se realizaría la terapia. Acordé con la madre que el día de la sesión le pediría que sentara al niño en su regazo, manteniéndolo apoyado contra su cuerpo con sus piernecitas frente a mí. De esta forma el niño, además de ser acogido por el contacto físico con la madre, también tendría disponibles las piernas y los pies para poder realizar movimientos bilaterales durante el reprocesamiento.

Entonces le señalé que, con el niño en esa posición, le pediría que nos contara qué había pasado el día de la caída; por eso era tan importante que estuviera lista para describir el episodio. Le informé que, debido a la corta edad de su hijo, funcionaría como un medio para que su cerebro accediera al blanco en el que se trabajaría. En esta ocasión le expliqué una vez más de qué se trataba el SPIA y le aclaré sobre los MB. Entonces, durante la narración del evento, haría uso de movimientos táctiles para que el cerebro pudiera, a través de EMDR, hacer el trabajo que había quedado abierto.

Fase 3: Evaluación

El día señalado, recibí al pequeño paciente y a su madre. Llegó tranquilo, sentado sobre su regazo y atento a todo lo que sucedía en el nuevo espacio donde se encontraba. Hice un breve contacto con el niño, puse algunos juguetes al alcance de sus manitos y luego nos pusimos manos a la obra.

Según lo acordado, el regazo de la madre acogió y acurrucó al niño. Después le pedí que nos contara qué les había pasado a los dos ese día tan difícil. Inmediatamente, comenzó la narración de la historia. Al contarlo, la caja de Pandora comenzó a abrirse y, en ese momento, permitió al niño acceder al blanco tal como había sido almacenado en sus redes neuronales, en una forma de estado específica.

Fase 4: Desensibilización

La historia comenzó con el baño del niño, pasando al momento en que lo acostaron en la cama, pasando por la breve salida de la madre para buscar el pañal. Escuchó atentamente todo lo que contaba su madre, volviendo la cabeza hacia atrás para mirarla, desde el momento previo a la caída hasta los episodios de los desmayos, la búsqueda de atención médica, el cambio de comportamiento, la conversación con el psiquiatra y la llegada a mi consultorio. Tan pronto como comenzó la historia, los MB inmediatamente cayeron sobre las rodillas del niño. Después de unas cuantas series, comenzó a estirar y encoger las piernas; continué haciendo los movimientos táctiles en sus piececitos, tratando de que el reprocesamiento fuera más placentero para el niño.

Después de unos juegos, el niño se bajó del regazo de su madre y, cuando saltó al suelo, alcanzó mi caja de pañuelos que estaba a su lado. A medida que avanzaba la narración, y él se había posicionado de espaldas a mí, seguí los MB sobre sus hombros. El reprocesamiento iba a todo vapor. El niño abrió la caja de pañuelos (una pequeña caja de acrílico en la que había varios pedazos de papel de seda) y comenzó a sacarlos. Cada pañuelo que tomaba el paciente era arrugado y arrojado al suelo seguido por una onomatopeya emitida por él mismo. Así hizo con las once unidades que ocupaban la caja, una a una. Además de seguir con los MB en la espalda del niño, hice el mismo sonido que él hacía al tirar los pañuelos al suelo y, de inmediato, me miró y casi sonrió como para informarme que entendía. No cabía duda: la onomatopeya utilizada por aquel pequeño reproducía el sonido del contacto de su cuerpo con el suelo, en el momento de la caída.

Después de haber arrugado y tirado todos los pañuelos al suelo, el niño se dirigió a la casa de muñecas que estaba a su lado. Es una casa de madera de dos plantas donde viven dos familias. En la planta superior se encuentra el dormitorio; en la planta inferior, la cocina; ambas estancias amuebladas. Además de esta estructura, la casita tiene un techo con bisagras. Frente a la casa, el pequeño levantó el techo y comenzó a sacar a todos los miembros de la familia que estaban allí. Con cada muñeco que salía, el niño lo miraba y luego lo tiraba al suelo y emitía la misma onomatopeya. El paciente repitió esta acción hasta que todos los miembros de la familia, catorce en total, incluidos los bebés, estuvieron en el suelo.

Durante toda esta experiencia presentada por el niño, hice los MB sobre sus hombros, seguidos de mi verbalización onomatopéyica.

Después de dejar caer el último muñeco al suelo, el niño los recogió uno por uno, arrojándolos dentro de la casita y, tanto literal como metafóricamente, cerró la cubierta del techo. Sin duda, ahí acababa buena parte de la historia, en la que el Dr. Sana Cura no había participado del trabajo.

Finalmente, el niño se tumbó en el piso de la oficina e inició un movimiento que imitaba el contacto de su rostro, a derecha e izquierda, sobre la superficie. Inmediatamente, a su lado, comencé a reproducir lo que hacía. Todo el tiempo que movía la cabeza seguía emitiendo pa, pa, pa... y yo lo iba imitando. Simultáneamente, continué realizando movimientos bilaterales sobre su espalda. Es importante señalar que, durante este período, que duró unos veinte minutos, la madre siguió contando la historia y ya se acercaba al punto en el que ella y su hijo habían llegado a mi oficina. Después de esta sucesión de representaciones tan increíbles y fieles a lo que le había sucedido, el niño dejó de hacer el movimiento con la cabeza, se levantó, miró a su madre y dijo: "Casa, mama".

En un lenguaje bastante apropiado para su edad, nos hizo saber que este era el final de la historia que se había vuelto disfuncional. Haciendo mención del funcionamiento del SPIA, el evento había recibido transmutación en sus redes de memoria. La madre lo miró y profirió un sonoro: "Espera, esto aún no ha terminado". Me dirigí a aquella madre y le dije: "Te puedes ir a casa con tu hijo, esta historia termina aquí".

Fase 7: Cierre

Terminé la sesión hablando primero con la madre. Le pedí que sostuviera al niño en sus brazos, ya que este (el regazo) funcionaría como un oasis de contención y seguridad, favoreciendo una estructura considerable de cierre. Entonces, cuando el niño se involucró de lleno en la comodidad de la madre, le acaricié la cabeza y la carita, y le dije que había sido muy valiente. El chico me miró serenamente; parecía feliz.

Luego, le pedí a la madre que observara al niño durante los próximos días, ya que el reprocesamiento puede continuar después de la sesión. Pueden surgir tanto signos como síntomas, los que informarían de la necesidad de otra sesión. Además, monitorear su sueño, su comportamiento en general, su interacción con el medio ambiente y con las personas, su dieta y su estado de ánimo, nos proporcionaría material importante sobre el reprocesamiento que había tenido lugar.

Estuve de acuerdo en que me comunicaría pronto. Después de todo, Sherlock necesitaba continuar con su misión.

Fase 8: Reevaluación

Para que la madre tuviera tiempo de observar el día a día del niño, realicé el primer contacto dos días después de la sesión. Según el informe de la madre, el niño estaba más confiado, tranquilo, feliz. Informó que el mismo día de la consulta volvió a bajar solo de su cama. Estaba más interactivo, jugaba con más interés, y los síntomas que exhibía antes ya no se presentaban. Él seguía como si nada hubiera pasado.

Arreglé con la madre que se harían más contactos para ver si había que trabajar en algo más. Además de esto, ella también debía hacerlo si alguna cuestión le llamase la atención con relación a los episodios presentados antes del reprocesamiento.

A los pocos días volví a hablar con la madre, y sus novedades corroboraron la eficacia del trabajo que realizaba el cerebro del niño. Según ella, su hijo nunca más volvió a tener la condición disfuncional. Además, informó que, entre nuestras conversaciones, se había caído unas cuantas veces más y se había golpeado el lado izquierdo de la cara contra el piso y, aunque lloraba por razones obvias, los incidentes de desmayo, cianosis e hipotonía habían desaparecido; nunca más se habían repetido. Aparentemente, el desmayo y sus secuelas funcionaban como un mecanismo para preservar al niño, una estrategia cerebral para liberarlo de la posibilidad de volver a sufrir. Parecía estar funcionando como: "Te voy a desenchufar para que no vuelvas a pasar por lo que viviste antes". Para el cerebro, la tarea primordial es asegurar nuestra supervivencia; todo lo demás queda en un segundo plano (van der Kolk, 2020).

Estábamos ante un reprocesamiento muy bienvenido y primoroso. Al fin y al cabo, si tienes cerebro, ¡reprocesas!

b. Reprocesamiento por poder: usando historias
  y un ayudante para cuidar del dolor emocional

El informe en cuestión se refiere al trabajo desarrollado con una niña de 1 año y 7 meses, con dificultad para dormir y síntomas intensos de bruxismo.

El tratamiento se realizó en dos sesiones separadas, de una hora cada una. En la primera sesión, la dirección contempló la narrativa de la madre sobre lo que estaba pasando con el niño como un desarrollo de eventos familiares específicos. En la segunda, el reprocesamiento se produjo de forma indirecta, ya que iba dirigido a un paciente muy especial, un osito de peluche, mientras la madre nos contaba el detonante que había surgido entre sesiones.

En ambos encuentros, la madre y la abuela materna estuvieron presentes, como recursos fundamentales para viabilizar el ajuste de la historia vivida por la niña de forma disfuncional.

Junto con la madre, la abuela fue un cimiento afectivo para la niña y por eso fue incluida en el proceso. Ambas sabían de la terapia EMDR, ya que la abuela acababa de terminar su tratamiento y la madre estaba en proceso.

La terapia EMDR entra en el circuito

Fase 1: Historia clínica

La demanda de tratar a la niña vino de la madre después de presenciar su sufrimiento, en repetidas ocasiones, y que se hacía cada vez más intenso. Según el informe de la madre, sus noches de sueño eran inquietas y difíciles, y los episodios de terror nocturno no eran infrecuentes. Para mostrar el grado de angustia de su hija, la madre grabó espontáneamente unos videos que me permitieron observar el contexto. En la cuna, la niña forcejeaba, lloraba, pronunciaba frases divagantes y tanto rechinaba como apretaba los dientes. Se oía el ruido. A lo largo del día, la niña presentaba llanto fácil y sentido, un nivel de irritación considerable y desánimo para jugar. Ir a la escuela ya no era divertido y se estaba convirtiendo en una gran dificultad. Las quejas por la ausencia del padre eran frecuentes, siempre acompañadas de tristeza y muchas lágrimas. Después de la evaluación del pediatra y la confirmación de que no había ningún trastorno en su salud física, la madre buscó terapia.

Los comportamientos presentados anteriormente se originaron en los viajes del padre. Se había vuelto común, por los vuelos a distintas horas, que saliera de casa y dejara a su hija durmiendo y al regresar la encontrara en las mismas condiciones. La niña cariñosa y observadora comenzó a extrañar terriblemente a su compañero de juegos. En los últimos tiempos se comunicaban básicamente por videollamada. Sin embargo, para una persona tan amorosa, la conexión se había vuelto demasiado inestable. Al cabo de un tiempo, producto de tal rutina, la niña comenzó a presentar los síntomas descritos. Los desencadenantes eran muy claros: hacían referencia a los viajes del padre y, con cada nueva partida, los síntomas se intensificaban.

Para complementar la anamnesis, se recogieron datos relacionados con el embarazo, el parto, la salud en general, el desarrollo físico y socioemocional. Era una niña sana y feliz.

A pedido de la madre y la abuela, ambas fueron incluidas en la sesión con la niña, ya que eran su refugio seguro. Como ya conocen el funcionamiento y la dinámica de la terapia EMDR, las pautas se centraron en aclarar cómo se llevaría a cabo el manejo con la niña y dónde encajarían las dos en el proceso. Hice que la madre fuera la portavoz de la niña y nos contara lo que estaba pasando, ya que yo haría los movimientos táctiles para volver a poner en marcha el tren de reprocesamiento. Si era necesario, la abuela nos ayudaría, trayendo una parte de la narración.

Como el tema en sí estaba impactando, además de en la niña, en ellas mismas, verifiqué si estaban disponibles y bien organizadas emocionalmente para participar con nosotros.

Como la niña ya me conocía y mostraba tranquilidad y alegría al estar conmigo, les pedí que le dijeran que vendría a verme y que jugaríamos. Imaginé que tendríamos la posibilidad de un encuentro fluido.

Después de las aclaraciones y psicoeducación necesarias, programamos la sesión para la niña.

Continuando con la historia

En el día y a la hora prevista, las tres generaciones estaban frente a mí. La niña llegó en brazos de la madre, con la abuela como fiel escudera a su lado.

Fase 2: Preparación

Nos saludamos, me acerqué a ella para darle una breve bienvenida y luego le ofrecí algunos juguetes. La niña extendió su pequeña mano para tomar uno de ellos. Después jugamos un rato con una muñequita que ella quería tener en sus brazos. La intimidad, hablar con la niña y ofrecerle juguetes, estratégicamente, funcionaría como una forma de cuidar nuestro vínculo y su preparación, ya que, por su edad, esa era la forma más viable. En esta sesión, ella no se movió del regazo de su madre.

Antes de iniciar el reprocesamiento, comprobé el nivel de regulación emocional de la madre y la abuela. Como la primera estaba en franco proceso terapéutico, le recordé su lugar seguro/tranquilo, que había visitado por muy poco tiempo. Dado que los cuidadores a menudo funcionan como coterapeutas durante las sesiones, debían estar bien informadas antes de comenzar.

Fase 3: Evaluación

Continuando con el proceso, les pedí que se sentaran y, siguiendo las instrucciones, le pedí a la madre que acurrucara a su hija en su regazo, manteniendo sus piernecitas frente a mí. Tan pronto como la madre comenzara su informe, estaríamos accediendo al blanco y este era un movimiento necesario para que el Dr. Sana Cura de esa niña empezara a masticar la historia disfuncional.

Fase 4: Desensibilización

Para comenzar con el reprocesamiento en sí, apenas comenzó el informe de la madre, comencé a hacer MB en las rodillas de la niña. Durante la sesión, la madre nos hizo una narración completa de todo el contexto. Mientras ella contaba la historia y yo continuaba los movimientos bilaterales, la niña miró a su abuela y a su madre. Pareció darse cuenta de que otras personas entendían lo que estaba pasando. El dedo continuó haciendo los MB táctiles en las rodillas de esa niña mientras observaba a los ayudantes que estaban allí para ella.

Después de un rato, empezó a mover las piernas inquietamente, como para comunicar su límite. ¿Era esa su señal de Pare? Buscando atender el pedido corporal de la niña, comencé a realizar movimientos táctiles en sus pies, con el objetivo de ofrecer el equivalente a una estrategia de distanciamiento. Continuamos desde allí y la sesión transcurrió sin problemas, habiendo continuado la narración hasta ese momento en que estaban allí en mi oficina. En este punto terminé los MB: estábamos terminando la sesión.

Fase 7: Cierre

Como una forma de hacer algo compatible con el cierre de la sesión, me acerqué a la niña y la abracé, diciéndole muy bajito: "Hoy fuiste muy valiente". Todavía en el regazo de su madre, me devolvió el abrazo.

A la madre y a la abuela les agradecí su importante colaboración y les dije que ambas conocían muy bien su lugar seguro, por si necesitaban autorregularse. Continuando con nuestra cooperación, les pedí que observaran a la niña en cuanto a sus emociones, su comportamiento general, su disposición para jugar y, por supuesto, su sueño. Si notaban que algo resultaba demasiado intenso para la niña, deberían ponerse en contacto. De ser necesario, se programaría una nueva sesión. Aproveché la oportunidad para decir que yo también estaría feliz de escuchar buenas noticias. Después de todo, insertar ligereza en contextos densos ayuda a que las historias sean más fluidas.

Acordamos que llamaría en unos días para ver cómo iban las cosas.

Fase 8: Reevaluación

De una manera muy interesante y grata, apenas terminé las citas esa mañana, me di cuenta de que había recibido un mensaje de la madre. Para aclarar la importancia de lo que compartió conmigo, vale mencionar que esa pequeña había estado durmiendo mal o no muy bien: parecía que le costaba dormir. Además, la familia vive en un área que está a unos 40 minutos de mi oficina. Según la madre, tan pronto como colocaron a la hija en su asiento de seguridad, se quedó dormida y permaneció así hasta un tiempo después de que llegaran a casa. La abuela tomó fotos de su nieta dormida en el auto y en su sillita ya en casa, ya que, como seguía durmiendo, prefirieron dejarla donde estaba. Luego recibí un breve vídeo en el que la madre le preguntaba a su hija adónde había ido esa mañana y ella respondía que había estado conmigo. Después, cuando le preguntaron qué habíamos hecho, dijo: "Jugar, jugar, jugar con el bebé". Finalmente, la madre le preguntó cómo le había ido cuando la atendí. La niña empezó a realizar MB en sus rodillas y luego en sus pequeños pies. Ella realmente había participado en el reprocesamiento.

Unos días después, recibí un mensaje informando que las noches de sueño se habían mantenido estables y tranquilas, sin ninguna complicación. La niña había retomado sus juegos, estaba más relajada, y volvía a ocuparse de lo que la hacía feliz.

Simultáneamente con la sesión con la niña, el padre redujo el número de viajes y cuando necesitaba hacerlos, lo hacía en horario comercial. Rara vez se iba o volvía a casa cuando su hija dormía. La propuesta fue que los viajes ya no sucedieran.

Teniendo en cuenta la evolución satisfactoria del cuidado de la niña, acordamos que dejaríamos transcurrir más tiempo de observación y, de ser necesario, agendaríamos otra sesión.

El disparador en medio al camino

Unos 15 días después de trabajar con la niña, recibí un nuevo contacto de la madre. Debido a una situación especial, el esposo tendría que viajar nuevamente y estaría fuera por más tiempo. Por ello, hablaron con la niña y le explicaron la eventualidad que se había presentado. La niña parecía haber entendido racionalmente las explicaciones, pero emocionalmente la historia se presentaba como un gran desafío. Después de este episodio, las noches de insomnio volvieron a ser turbulentas y dolorosas. Por esta razón, programamos otra sesión. Como la primera vez, la abuela y la madre acompañarían a la niña.

Fase 2: Preparación

El día señalado, las recibí en mi oficina. Aunque la niña estaba sentada en el regazo de la madre, cumplió con mi pedido de bajar un poco y mirar los juguetes conmigo. Antes de empezar a trabajar, logramos tener un breve momento lúdico en el que la niña, más serena que la primera vez, se sentó y jugó un poco. Aproveché su relajación y ligereza para realizar unos MB en sus piececitos, haciendo la instalación de este estado emocional y corporal.

Se instruyó a las cuidadoras sobre cómo trabajaríamos en esa sesión, y les recordé la importancia de estar estables para poder proceder. Después de comprobar la disposición de cada una de ellas, la madre sentó a su hija en su regazo y comenzó el trabajo para acceder al blanco.

Fase 3: Evaluación

Esta vez, la primera parte del trabajo consistió en contarle a la niña la historia del osito de peluche que le tenía miedo a la oscuridad. En esta sesión, él sería uno de mis ayudantes especiales. Con el libro en la mano, me senté en el suelo muy cerca de la niña y comencé a contarle la historia. En la narración, el osito de peluche relata haber tenido un sueño la noche anterior, en el que las flores se habían convertido en estrellas, los árboles en grandes velas encendidas y las gotas de lluvia en estrellas luminosas. Y termina diciendo que, de repente, las estrellas se habían apagado, el bosque se había oscurecido y luego despertó y vio una hermosa luna brillando en el cielo. Era una historia muy corta, escrita en un librito de tela que brilla en la oscuridad. El objetivo en este caso fue introducir el tema del sueño y el miedo, de una manera más ligera y divertida, en un lenguaje que satisficiera la comprensión del niño. Además, probablemente funcionaría como precalentamiento para acceder al blanco, y como un cuidado extra en cuanto a la preparación. Durante el tiempo que compartí la historia con la niña, hablé simultáneamente con ella y con el osito de peluche sobre cómo a veces nos asustamos y lo bueno que es saber que todo volverá a estar bien más tarde.

Después, me puse el guante de mi asistente, el pájaro carpintero amarillo, y le pedí a la madre que comenzara a contarnos, y también al osito, qué había pasado y cómo había estado su hija después de eso. El acceso al blanco cobraba un importante refuerzo.

Fase 4: Desensibilización

Tan pronto como la historia tomó voz a través de las palabras maternas, me dirigí al osito de peluche iniciando los MB visuales frente a sus ojitos. Me senté a los pies de la madre, es decir, justo debajo de la niña, y me coloqué en una posición en la que ella pudiera ver tanto el oso como el guante y los MB. La dinámica incluyó la narrativa de la madre, la realización de movimientos visuales para el personaje, además de mi interacción con ella. Mientras la madre contaba sobre el nuevo viaje de su padre y cómo reaccionó la niña ante este hecho, yo estaba realizando los movimientos visuales frente a los ojos del oso y diciéndole cuánto lamentaba que todo eso volviera a suceder. Le dije: "Oh, qué lástima, osito de peluche, debe haber sido muy difícil tener a papá lejos otra vez. ¿Te asustaste, sentiste que lo habías perdido? Pero no te preocupes: mamá, la abuela y yo te cuidaremos bien. Tu papá también seguirá protegiéndote, incluso si tiene que viajar de vez en cuando".

Repetí esta idea varias veces durante el relato del caso. A medida que avanzaba la historia, era posible percibir un cierto nivel de relajación en la niña. El reprocesamiento con el oso de peluche continuó mientras escuchábamos la historia casi terminada. De repente, la niña se bajó del regazo de su madre y fue al armario de los juguetes, abrió la puerta y comenzó a sacar unos bebitos del interior. Esta era su señal para hacernos saber que, para ella, era suficiente. Probablemente el Dr. Sana Cura de esa niña había reprocesado por completo el contenido disfuncional que estaba presente en el paquete de información. Había masticado y digerido el resto de los desechos emocionales.

Fase 7: Cierre

Para cerrar esa sesión, me senté con la niña y jugamos unos diez minutos con los bebés. Los estaba abrazando tiernamente en un movimiento amoroso: estaba cuidando a esos niños.

Luego, comprobando la estabilidad de la madre y la abuela, reforcé la importancia de observar a la pequeña y hacer contacto si fuera necesario.

Fase 8: Reevaluación

Después de esta consulta, la madre se comunicó conmigo informándome que la niña había restablecido el sueño, y mostraba un patrón regular de tranquilidad y seguridad. Los días transcurrían tranquilos, la sintomatología anterior no había vuelto a aparecer, y estaba en paz con la historia. Su doctor Sana Cura, con su dentadura fuerte, había hecho un trabajo muy especial.

En esta misma oportunidad recibí un nuevo vídeo en el que la niña contaba lo que habíamos hecho en mi oficina mientras reproducía a la perfección los movimientos visuales que había realizado al osito. No cabía duda: había prestado sus ojos para que esta niña, manteniendo una cierta distancia con la historia disfuncional, pudiera seguir por sí misma los MB y experimentar el reprocesamiento de manera completa.

Para lograrlo, habíamos constituido al oso como aquel que permitiría al cerebro de la niña resignificar el contenido vivido, sin que esto le resultara demasiado intenso. El oso de peluche había entrado en la historia para otorgarle al Dr. Sana Cura de la niña los plenos poderes para digerir definitivamente todo lo que se había vuelto desadaptativo.

c. Cuando el cuerpo pone la boca en el trombón: entrevistando
   la herida y conociendo la historia que vivía adentro

El relato clínico al que se refiere este caso se relaciona con el cuidado de una niña de cinco años traída a terapia por su madre por su conducta excluyente hacia el grupo de compañeros de la escuela. En muchas circunstancias, actuaba como si no necesitara a los demás, mostrando superioridad y vanidad, habiendo intimidado a menudo a sus pares, según el informe de la madre. Luego de reprocesar las historias traumáticas, que dieron cuenta del surgimiento y mantenimiento de dichas conductas, le dimos voz a una herida abierta en su rostro. La conexión con tal lesión hizo posible que el cerebro de esta niña se reorganizara frente a un contexto familiar turbulento e inconstante en el que lo que cabía esperar era lo impredecible, siempre.

Informaciones relevantes

Para esclarecer las bases sobre las que se desarrolló el trabajo con este blanco, son fundamentales algunas consideraciones. El contexto que comparto aquí se refiere exclusivamente a una historia con una dimensión somática impresa en el rostro de la niña. La pequeña paciente en cuestión ya había trabajado (bajo mi cuidado y con terapia EMDR) todos los blancos definidos en su plan de tratamiento. Estos eran remanentes de un contexto familiar lleno de altibajos, en el que la relación entre los padres presentaba la mayor parte del tiempo características inestables y aterradoras.

Luego de culminar el trabajo, y como la herida en su rostro permanecía impasible, decidí incluir en ese proceso otro blanco que parecía conocer otras versiones de esa historia.

Estructurando el trabajo con la terapia EMDR

Fase 1: Historia clínica

En el día programado, recibí a la madre de la niña para la anamnesis. Estaba muy impactada por el comportamiento de su hija y muy triste al considerar que ella, una niña cariñosa, parecía haber desarrollado un caparazón duro para protegerse de las presiones en el hogar. Esta realidad fue traspasando los muros del núcleo familiar y estableciéndose en los diferentes contextos en los que se insertaba la niña. Al fin y al cabo, si algo sabe hacer bien el trauma es limitar nuestro libre albedrío.

Informó que la docente ya le había señalado que no perdía el tiempo a la hora de posicionarse de manera superior con relación a sus compañeros. La impresión es que la niña mandaba en el salón de clases: parecía querer tener todo bajo control. Por esta razón, había estado perdiendo amigos, ya que la relación se desgastaba con frecuencia debido a su tendencia dominadora.

Continuando, agregó información sobre su hija, desde el sueño de tenerla, su desarrollo en su conjunto, primera infancia, enfermedad, sueño, alimentación, preescolar, interacción familiar y social, hasta las situaciones actuales que la llevaron a buscar ayuda profesional.

Teniendo en cuenta el perfil del terapeuta EMDR como un excelente detective (sí, hay un Sherlock Holmes viviendo dentro de nosotros), salí en busca de posibles eventos previos que pudieran dar cuenta del comportamiento y los síntomas presentados por la paciente.

El protocolo de tres pasos nos permite movernos entre pasado, presente y futuro, ampliando nuestras posibilidades de hacer la costura necesaria para cuidar el tejido emocional de nuestros clientes. Entonces, cuando se trata de recolectar la información que condujo al desarrollo del tema o de los temas que se nos presentan para recibir atención terapéutica, el camino debe incluir el contexto temporal mencionado anteriormente, incluso con la propia niña, dependiendo de su edad y nivel de comprensión. Al respecto, las conexiones realizadas por la madre señalaron los perennes conflictos entre ella y su esposo como los responsables de generar esa historia, pero no necesariamente había habido un hecho específico.

En cuanto a los desencadenantes, se informaron discusiones más acaloradas después de las cuales la niña estaba bastante irritable, más rígida, impaciente y, a menudo, introspectiva. A estos hechos se sumaron los momentos en el aula en los que se daba cuenta de que alguien se destacaba frente a la maestra y la clase. Inmediatamente, presentaba la conducta de suplantar a quien estuviera en evidencia, tratando de marcar su presencia, pues se ponía en posición de ser vista. A menudo, quería tomar el lugar de la maestra.

Específicamente sobre la herida en la mejilla izquierda de la niña, la madre mencionó que ya habían realizado un peregrinaje a diferentes consultorios en busca de respuestas. Ya habían consultado a muchos profesionales de distintas especialidades médicas, y no se había encontrado ninguna justificación clínica a la lesión. La niña ya había usado una variedad de medicamentos y nada había funcionado. A pesar de todo, la herida seguía bastante enrojecida, soltando una pequeña cantidad de líquido amarillento que le corría por la cara. Según la madre, solo le faltaba ver a un oncólogo.

En cuanto al padre, no se opuso directamente al tratamiento, pero declaró que creía innecesario que ella lo hiciera; no veía razón para ello, creía que la niña estaba bien como estaba. No vino a la entrevista al comienzo de la terapia de su hija. Sin embargo, asistió a una de las sesiones cuando el proceso estaba bien avanzado.

Recibí a la paciente la semana después de mi encuentro con su madre. Estaba frente a un niña dulce, atenta, interesada y entusiasta; su energía era contagiosa. Aunque solo tenía cinco años, parecía bastante madura para su corta edad. La impresión es que había vivido muchos años en solo cinco años, hablaba con soltura y sabía exactamente por qué estaba allí; sus respuestas eran precisas. La sensación era que una cronología tan temprana la había emancipado para poder lidiar con el intrincado contexto familiar del que formaba parte, pero no sin consecuencias para ella.

Inspeccionar los eventos a tener en cuenta en su plan de tratamiento fue una tarea fluida. Al parecer, los conflictos entre los cuidadores eran un punto a atender, además de algunos eventos escolares. Cuando le pregunté sobre la herida en su rostro, la niña comentó que no le importaba. Aun así, la consideré como un posible blanco en el plan de tratamiento en caso de que luego fuera apropiado trabajar con ella.

Claramente, estábamos ante un contexto en el que los padres amaban a su hija, la cuidaban y la educaban con lo mejor que tenían para ofrecer. Sin embargo, sus conflictos personales y conyugales iban dejando marcas traumáticas en las neuronas de aquella niña y las consecuencias eran visibles a simple vista. Sin duda, la historia de esa niña encajaba muy bien en los casos del Tipo 2 (Gómez, 2014, p. 22), y generaba un funcionamiento acorde con el apego ambivalente. Era hora de arremangarse y comenzar el trabajo de desatar los nudos dejados por el trauma y construir los lazos interactivos para que esa niña pudiera vivir su infancia como necesitaba y merecía, con tan solo cinco años.

Para que el trabajo nos ofreciera los mejores resultados posibles, remití a la madre para que realizara su propio proceso terapéutico. De esta forma, tanto ella como su hija comenzaron las sesiones de EMDR simultáneamente. Estoy segura de que la oportunidad de cuidar, al mismo tiempo, las redes de memoria desadaptativas en ambas, contribuyó de manera importante a los resultados alcanzados.

Fase 2: Preparación

Según se informó en el contexto de este caso, este sería el último blanco en ser reprocesado. De esta forma, la Fase 2 ya se había realizado al inicio del tratamiento, en lo que se refiere no solo a la instalación de recursos en sí, sino también a la aclaración y presentación de todo el contenido relacionado con el funcionamiento de la terapia EMDR.

Con respecto al blanco en cuestión, y dado que el trabajo con el contenido del plan de tratamiento había llegado a su fin, hablé con la madre y la niña sobre la importancia de cuidar la herida en su rostro, ya que todo síntoma se configura como una solicitud de ayuda. Destaqué que mi impresión era que esa herida tenía mucha historia que contar y que sería importante dejarle presentar su versión de los hechos. Compartí con ambos mi idea de que, al final de ese trabajo, muchas cosas estarían cerradas para siempre. Con la debida autorización otorgada por ambos, dejamos programada la siguiente sesión para la semana siguiente.

Fase 3: Evaluación

En el día señalado, allí estábamos, la niña, la herida y yo, además de nuestros dos hemisferios cerebrales y todos los ayudantes que estarían allí para apoyarnos. Sin duda, éramos todo un equipo. Entonces, con todo este refuerzo a nuestra disposición, sería más fluido el cuidar de ese contenido. Tuve la impresión de que esta sesión completaría todo lo que se había construido hasta ese momento.

Una de las cosas que más me gustan de la terapia EMDR es la cantidad de caminos que nos ofrece para proceder. Por ejemplo, en relación con la evaluación, para acceder al blanco muchas veces necesitaremos trabajar con un ICES incompleto, dependiendo de qué tan accesibles sean los aspectos de la memoria para el paciente. Shapiro (2020) destacó que toda memoria traumática está fragmentada; es decir, se almacenará en redes neuronales que contienen fracciones del contenido relacionado con el evento en sí. Permanecerá así, con el paquete de información estático, hasta que se produzca su reconexión mediante reprocesamiento. En este paquete están presentes imágenes, creencias, emociones y sensaciones. En el caso de esta sesión, la lesión en la mejilla izquierda de la niña era, en sí misma, el portal que nos permitiría acceder al contenido disfuncional mantenido en el aprendizaje dependiente del estado. Mientras caminábamos hacia él para acceder al blanco, afloraron sensaciones incómodas. Esa fue nuestra entrada, un camino directo que nos condujo al contenido desadaptativo que tanto daño le estaba causando a esa niña. La lesión sería nuestra entrevistada, así que fuimos directamente a ella y a las sensaciones, a medida que el cerebro se abría para ser atendido por ese sitio.

Entonces, era hora de comenzar a abrir la caja de Pandora. Empecé diciéndole a la niña que las heridas pueden ser parlanchinas y hablar como locas sobre el dolor emocional. Pasé a informar que las heridas tienen una boca pequeña que habla mucho y que estábamos allí para escuchar lo que nos tenía que decir y que, en esa reunión, nos acercaríamos mucho para escuchar lo que nos iba a decir a nosotras. A continuación, dije que el Dr. Sana Cura puede ver cosas que nosotros a veces no podemos ver, porque tiene unas gafas especiales para ver por dentro. En ese momento, ella ya estaba completamente interesada en saber lo que estaba por venir. Entonces, ya que estábamos aquí para esto, nos pusimos manos a la obra.

Le informé: "Ahora voy a tomar mi micrófono y lo voy a poner muy cerca de esta herida para que escuchemos lo que nos tiene que decir. Inmediatamente mi paciente me dijo: "No sé de qué habla la boquita". Continué: "Pero tu Dr. Sana Cura lo sabe y yo soy experta en escuchar lo que dicen estas boquitas. Esta parece que está llorando, creo que le duele mucho todo". Y ella, comunicativa como era, agregó: "Estás loca, la dejaré usar mi boca, pero no soy yo quien habla".

Fase 4: Desensibilización

Una vez que ya se había accedido al blanco, continué: "Está bien: que ella (la herida) use tu boca y hable aquí en mi micrófono mientras sigues a mi ayudante" (el dedo que la niña había elegido para acompañarla en esa sesión).

Lo que siguió fue el despliegue de una narración llena de miedos, angustias, incertidumbres e impotencia, frente a una intensa historia de discusiones acaloradas, ruidosas, llenas de mucho movimiento, y que pareció durar una eternidad. Debido a la frecuencia e intensidad de ese contexto, el hemisferio izquierdo de aquella pequeña niña buscaba fríamente analizar el porqué de esos excesos, que supuestamente explicarían su capacidad para comprender tantas cosas de manera tan racional. Su hemisferio derecho, en cambio, estaba aterrorizado por lo que pudiera pasarle a ella misma ante tantos arrebatos y así, iba almacenando todas las sensaciones y emociones de forma fragmentada para poder seguir viviendo.

Durante el tiempo que duró la narración de esa historia, seguí realizando los MB, hasta el momento en que ella puso fin a todo eso. Entonces ella me dijo: "Está bien, ya te lo contó todo".

Fase 7: Cierre

Como el paciente necesita terminar el proceso con ambos pies en el presente, el cierre es una condición indispensable al final de cualquier sesión de EMDR, ya sea completa o incompleta.

Para proporcionar un cierre de sesión divertido y agradable, utilizamos la estrategia del casco de emociones saludables que se presentará en el capítulo 3, punto G, que trata exclusivamente de los procedimientos de cierre.

Tan pronto como mi paciente mostró que estaba completamente estabilizada y tranquila para regresar a casa, hice un arreglo con ella y su madre. Les pedí que estuvieran atentas a cualquier cosa que surgiera y que se pusieran en contacto si era necesario. Le recalqué que llamaría durante la semana para ver cómo estaba y que, de ser necesario, programaríamos otra sesión.

Fase 8: Reevaluación

Al final de esa semana contacté a la madre y me informó que la herida había cambiado de aspecto: estaba menos roja y se podía percibir la ausencia de secreción. En cuanto a su hija, estaba feliz, más tranquila y se relacionaba con su entorno de una manera ligera.

En el próximo contacto, la semana siguiente, los desarrollos fueron aún más saludables. La herida tenía un tono más cercano al color de la piel, la secreción ya no había aparecido, la sensación de malestar ya no estaba presente y el proceso de cicatrización estaba muy avanzado.

En otra conversación con la madre, aproximadamente un mes después, ella reportó un 100% de curación, sin la presencia de ningún otro aspecto que denotara enfermedad. Lo que le había pasado a esa niña quedó en el pasado, lo que quedó fue una pequeña cicatriz que nos informaba que era mucho más grande de lo que vivió. La marca en su rostro era un recordatorio de los días que habían sido difíciles pero que ya no necesitaban enfermarla. La terapia EMDR no es un borrador, no borra lo que ha pasado, pero nos permite afrontar la realidad del pasado desde una nueva perspectiva.

El reprocesamiento del recuerdo disfuncional y doloroso vivido por aquella niña le había devuelto el derecho a reconectarse con lo que podía ser suave, placentero y feliz. Después de todo, decir que el trauma se ha curado se refiere a la realidad de que ya no nos controla.

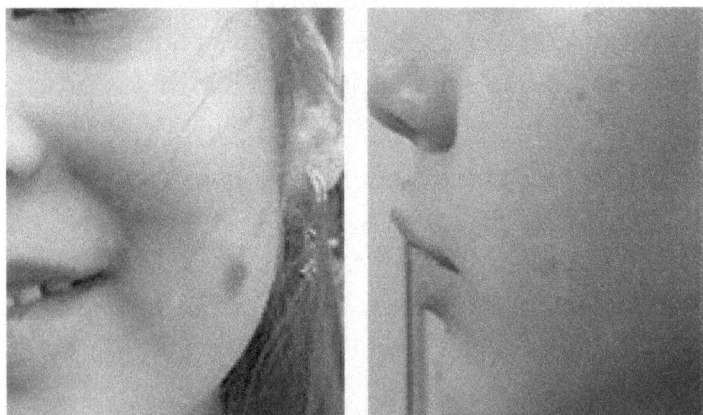

De izquierda a derecha, antes del reprocesamiento y después el reprocesamiento

E. Fase 5 — Instalación: buceando en las redes adaptativas de la memoria, reconectando el cable suelto al circuito positivo

La fase de instalación de la terapia EMDR tiene como objetivo vincular la historia previamente disfuncional, que ha sido reprocesada, a redes de memoria positiva. Así, se puede decir que la meta de esta fase es "[...] la completa asimilación de la nueva creencia positiva 'sentida'. Amplificar y elevar la fuerza de la creencia positiva y aumentar el acceso a redes de memoria adaptativas y positivas" (Gómez, 2014, p. 251).

Para hacer que el trabajo de conectarse con el CP sea más divertido para la niña, cuando llegamos a la fase 5, le digo que vamos a darnos un chapuzón en lo que ella piensa que es bueno sobre sí misma.

1. Verificando si la CP cambió o sigue siendo la misma

Se puede decir: "Imagina que somos buzos que buscan tesoros y los vamos a encontrar en una piscina de buenos pensamientos, ¿de acuerdo? Entonces, cuando piensas en esa historia ahora y en esos pensamientos positivos, deliciosos y especiales sobre ti [repetimos la CP de la niña] y te imaginas dándote un chapuzón en esos pensamientos deliciosos y especiales que hay dentro de la piscina, ese buen pensamiento todavía vale la pena. ¿O encontraste uno mejor en esta inmersión?" Suelo mostrar la tarjeta con la CP que eligió el niño y dejar las demás a un lado, por si la creencia positiva ha cambiado.

2. Midiendo el VoC

Suelo decir: "Ahora, en esta pequeña regla que va del 1 al 7, siendo 1 completamente falso y débil, y 7 completamente verdadero y fuerte, ¿cuánto sientes que estos buenos pensamientos [repito la CP] son verdaderos ahora?" Necesitamos mantenernos cerca del niño, la regla, la goma o incluso las otras escalas de medición que se le presentaron anteriormente en la Fase 3.

Una vez hecha la medida de cuánto percibe que la CP es verdadera, se procede a su instalación.

3. Instalando (vinculando) la CP

Como todavía estamos en la fase de reprocesamiento, la velocidad de los MB que se utilizarán para instalar la CP será la misma que en la Fase 4.

En el siguiente paso, le vamos a decir a la niña: "Ahora, quiero pedirte que pienses en esa historia que estamos cuidando y los pensamientos positivos [repite la CP elegida] y sigue a "x" [el ayudante elegido], imaginando que te sumerges en la piscina de los pensamientos buenos y deliciosos". Trabajaremos hasta que el VoC sea 7 o al menos un 6 adaptativo, hasta que el Dr. Sana Cura haya masticado y digerido todo el mal día y sus secuelas.

F. Fase 6 — Chequeo corporal: conversando con el fiel escudero, utilizando el cuerpo para contarnos la historia

La terapia EMDR es un tratamiento orientado al cuerpo, y la curación del trauma solo se considera completa cuando llega al sistema en sus niveles fisiológicos, neurológicos y psicológicos. Para Grand, "un chequeo corporal limpio es un criterio esencial para determinar la conclusión de un protocolo de tratamiento" (Grand, 1999, p. 55). El cuerpo estaba allí cuando ocurrió el trauma, por lo que cuenta buena parte de la historia. Según Shapiro, la Fase 6 "es una fase importante y puede revelar áreas de tensión o resistencia que antes estaban ocultas" (2001, p. 109).

Un dato importante para nosotros los EMDRistas es que no es posible escanear el cuerpo al final de la sesión. La explicación es sencilla: puede que esté guardando parte de las experiencias traumáticas y, en consecuencia, puede haber residuos disfuncionales sobre los que trabajar, ya que la Fase 6 es también la fase de reprocesamiento. Así, no podemos correr el riesgo de activar una posible perturbación emocional y no reprocesarla, en el caso de que estemos al final de la sesión.

Cuando hacemos el chequeo corporal con nuestro pequeño paciente, podemos utilizar su propia manita para que funcione como detector de molestias, la lupa, el tambor marino, un silbato, un micrófono, entre otras posibilidades. Lo importante es orientarlo en el sentido de que el cuerpo siempre nos cuenta una historia y si hay algo que debe ser informado, ese es el momento.

Suelo decir: "Ya te dije que nuestro cuerpo es parlanchín, habla mucho, entonces ahora vamos a hacerle una entrevista, dentro y fuera de ti. Toma el detector de sentimientos [el niño elige su favorito], cierra los ojos y ábrelos dentro de ti y ahora piensa en la historia de ese día difícil que el Dr. Sana Cura masticó y digirió; piensa en los pensamientos positivos [repito la CP] y busca en tu cuerpo desde la raíz del cabello hasta el dedo gordo del pie y dime si encontraste algo molesto o incómodo".

Si el niño reporta molestias, continuaremos con el reprocesamiento hasta que su cuerpo ya no esté incómodo.

G. Fase 7 — Cierre: guardando las historias en las cajas, desactivando la atención dual

Para que el niño pueda salir del consultorio bien estabilizado, dentro de su ventana de tolerancia, es fundamental cerrar la sesión. Independientemente de que hayamos llegado a una sesión completa (Fase 4: SUD 0; Fase 5: VoC 7 y Fase 6: chequeo corporal limpio) o no, el cierre debe realizarse, sin excepción. El procedimiento garantiza la discontinuidad del reprocesamiento, favoreciendo la estabilización emocional del niño y su equilibrio interno.

Sobre este hecho, Gómez hace las siguientes consideraciones:

Ayudar a los niños a lograr el equilibrio emocional y psicológico después de cada sesión de reprocesamiento, así como garantizar su estabilidad general, son objetivos clave de la fase final de la terapia EMDR. Asegurar el equilibrio y la homeostasis en el sistema del niño después de cada sesión de terapia EMDR y al finalizar el tratamiento también son objetivos importantes de la fase de cierre (2014, p. 254).

Para que podamos garantizar un trabajo de calidad en esta etapa, es importante terminar el reprocesamiento unos 10 o 15 minutos antes del final de la sesión (Gómez, 2014, p. 254). Con los niños es fundamental disponer del tiempo suficiente para utilizar su imaginación y creatividad a su favor, y muchas veces esta estrategia tarda en cumplir fielmente su función.

En el manejo clásico de la terapia EMDR, tenemos procedimientos específicos para cerrar la sesión completa, la sesión incompleta y uno general para todas las sesiones, que se suma a los demás como forma de consolidar el trabajo ya establecido. El cierre de todas las sesiones debe usarse en la secuencia de las mencionadas anteriormente para completar el proceso.

En mi práctica clínica he intentado llevar al final de las sesiones un aporte de recursos suficientes para permitir un buen nivel de homeostasis del sistema emocional del niño. Cuanto más tranquilo, en paz y estabilizado esté, mayor será su capacidad para hacer frente a los problemas que puedan surgir hasta la próxima cita. Por lo tanto, sigo un patrón muy parecido para cerrar sesiones completas e incompletas. Lo que hay que garantizar para estos dos tipos de sesiones será siempre el nivel de estabilización del niño para que salga del consultorio emocionalmente bien estructurado.

En el caso de una sesión incompleta, el trabajo de cierre debe ser más contundente, ofreciendo al niño todo el recurso que necesita para estabilizarse. En estos casos, el lugar seguro por sí solo no siempre será suficiente para promover este rol. En su mayor parte, cuando el paciente finaliza el trabajo con una sesión completa, podemos inferir que se logró un reprocesamiento suficiente en ese servicio. Por lo tanto, es probable que un solo recurso para cambiar de estado sea suficiente.

Un punto que se debe tener en cuenta es que en los casos en que las sesiones estén incompletas, se debe informar al niño que se está acabando el tiempo y que tendremos que dejar el resto para trabajarlo en la próxima reunión. Dicho esto, hago uso de las siguientes estrategias con niños que ya tienen un nivel de comprensión más refinado. Recuerde considerar también el nivel de desarrollo y la necesidad que presenta el niño, a la hora de definir la mejor manera de cerrar las sesiones. Con los más pequeños, que necesitan un poco más de comprensión y explicación, utilizo recursos muy lúdicos y accesibles para ellos, que describo en la secuencia de las estrategias estándar.

1. Instrucciones para cerrar sesiones incompletas

Digámosle al niño: "Nos estamos quedando sin tiempo, así que vamos a tener que dejar algunas cosas para trabajar en la próxima sesión. Quiero que sepas que estoy muy orgulloso del trabajo con una nota de 10 que tú y tu Dr. Sana Cura hicieron hoy. Dime qué es lo bueno que aprendiste sobre ti hoy".

Vamos a centrarnos en lo que el niño percibió como positivo sobre sí mismo, con una breve conversación para llevar el hemisferio izquierdo a ese momento de la sesión y acabar por completo con la atención dual. El paciente necesita salir de la sesión con ambos pies en el presente; esta es una de las razones por las que utilizamos esta estrategia. Y en la secuencia continuamos: "Ahora, quiero pedirte que cierres los ojos, que pienses en ese lugar tan especial que tienes y te imagines sumergiéndote en él. Fíjate en las cosas especiales que encuentras dentro [repetimos al niño las características positivas de su lugar seguro, incluyendo la palabra clave con la que lo bautizó] y fíjate en qué tan bien protegido te sientes. Quédate ahí un ratito y cuando te sea suficiente, abre los ojos".

Si es necesario, agregue un ejercicio de respiración, por ejemplo (consulte la Fase 2).

2. Instrucciones para cerrar sesiones completas

Para cerrar una sesión completa, suelo utilizar las mismas estrategias que utilizo para cerrar una sesión incompleta, con solo algunos ajustes. Por ejemplo, digámosle al niño: "Estoy encantado con el gran trabajo que tú y tu Dr. Sana Cura han hecho hoy, enhorabuena. ¿Qué notaste de importante en ti hoy? Ahora, quiero pedirte que cierres los ojos por un minuto, que pienses en ese lugar especial tuyo e imagínate sumergiéndote en él. Quédate ahí un ratito y cuando te sea suficiente, abre los ojos".

Incluso si terminamos con una sesión completa, pido que el niño visite su lugar seguro para que pueda aprender a usarlo cuando lo desee o lo necesite. Esta estrategia crea un ancla entre el mundo exterior y los recursos internos.

3. Instrucciones para cerrar todas las sesiones

Para asegurarnos un cierre suficiente, podemos decirle al niño: "Tu Dr. Sana Cura se ha puesto a masticar y digerir todas esas cosas que te pasaron en ese día feo y no parará hasta que realmente lo haya masticado todo y llegue a la estación de curación con el tren de reprocesamiento. Por lo tanto, puedes recordar otras cosas, tener sueños, sentimientos y pensamientos en cualquier momento. Si eso sucede, puedes hacer un cuaderno de bitácora del viajero del tren y anotar lo que surgió, o incluso dibujarlo". Continúe: "En tu próxima sesión, ¿vamos a hablar sobre este arreglo? Si lo necesitas, recuerda usar las potentes funciones que hemos incorporado aquí. Cualquier cosa que necesites, habla con papá, mamá [o el cuidador en el que confía el niño] o pídeles que hablen conmigo".

Además de las pautas de cierre ya presentadas, y para que esta fase sea más concreta para el niño (por eso los siguientes recursos son tan especiales y efectivos para los más pequeños), podemos utilizar otras estrategias.

Es importante tener en cuenta que las características que se enumeran a continuación deben instalarse en la Fase 2.

4. La sombrilla mágica

Para hacer este ejercicio, utilizo una sombrilla pequeña de colores, con cintas largas y coloridas atadas alrededor de cada tallo. El objetivo es construir una funda protectora y divertida para que el niño, al estar debajo de ella, se sienta cómodo y feliz.

Reforzamos con el niño que el recurso en sí mismo genera protección y acogimiento. Y luego le decimos: "¿Qué tal si pudieras ponerte bajo este paraguas mágico ahora mismo? Imagina que es lo suficientemente fuerte como para hacerte sentir seguro y protegido. Puedes llevar contigo a uno de los ayudantes de nuestro equipo de trabajo... ¿quién podría ser?"

Una vez que el niño elige (esta elección es opcional), continuamos: "Ahora, me gustaría que imagines que este paraguas mágico puede ofrecerte una fuerza valiosa. ¿Cuál sería? ¿Coraje, tranquilidad, alegría, amor, velocidad?

En cuanto el cliente nos comenta su elección, le pedimos que se centre en lo que siente de especial cuando está bajo el paraguas, ganando esa fuerza y respirando hasta que le resulte cómodo para él o ella.

5. La oración del corazón

Otra posibilidad que podemos aprovechar es la oración del corazón. Podemos decirle al niño: "Ahora quiero pedirte que te pongas la mano en el corazón, sientas cómo late y me digas qué ruido hace". En cuanto el niño responda, imitaremos con él la onomatopeya que se produce: "¿Es tumtum, tumtum, tumtum o bum, bum, bum como un tambor? Ahora mantén tu mano en ese lugar, cierra los ojos e imagina que esto [repetimos la onomatopeya] está esparciendo colores, recuerdos graciosos, divertidos y especiales y siente esta energía recorriendo todo tu cuerpo y creando un escudo protector y colorido a tu alrededor. Solo abre los ojos cuando sientas que ya es bueno para ti".

6. El casco de la emoción saludable

Para construir este valioso recurso, vamos a usar un casco real. Pidámosle al niño que elija qué fuerza quiere llevar adonde quiera que vaya para estar protegido: alegría, protección, esperanza, calma, buen humor, aceptación, amor. Una vez que tengamos la respuesta, digámosle al niño: "Ahora, imagina que este poder que elegiste está presente en este casco y está entrando en tu cabeza ahora mismo y bajando por todo tu cuerpo. Mira cómo es sentir "x" [repetimos la fuerza elegida por el niño] atravesándote desde la línea del cabello hasta el dedo gordo del pie. ¿Alguna vez has sentido su fuerza viajando dentro de ti, protegiéndote como si fuera un lindo abrazo?"

Cuando el niño valida la experiencia, continuamos diciendo: "Ahora, te vas a quitar ese casco e imaginar otro como a ti te guste, con el color que quieras y el formato que quieras. Imagina que esa fuerza que está en tu cuerpo subirá y entrará en tu casco nuevo, dejándolo lleno de "x" [repetimos el recurso elegido por el niño] ahora. Cuando eso haya sucedido, dame una señal". Después de la señal del niño, continuamos: "Fíjate en qué especial y protector es sentir este "x" [mencionamos nuevamente el recurso elegido por el niño], y nota cómo puedes estar cada vez más tranquilo y cómodo al hacerlo con "x". Cuando sea bueno para ti, abre los ojos".

7. Las cajas divertidas

Para ayudar a los niños a cerrar la sesión, un recurso muy eficaz es el uso de cajas. Pueden tener diferentes tamaños, formas, colores, estampados y ser bien atractivos para los pequeños clientes. Además de ofrecer una perspectiva divertida del proceso, pueden cerrarse de manera concreta, fortaleciendo la idea de que aquello (el contenido que se trabaja) está contenido y bien custodiado. Es como si el niño dijera: "Está bien, esto no me acompaña". Podemos decirle al niño: "Quiero que elijas la caja que prefieras. Bien, ya puedes abrir tu caja. Procura que tenga paredes firmes y fuertes y que puedan guardar en su interior cualquier cosa que pueda molestarte. Imagina que lo que trabajamos en la sesión de hoy se puede poner allí ahora y tu Dr. Sana Cura seguirá masticando y digiriendo esto mientras vas a la escuela, comes, juegas, te bañas, duermes y sueñas. Cuando regreses para la próxima sesión, es posible que las cosas ya sean muy diferentes. Tu Dr. Sana Cura continuará el trabajo que hicimos aquí hoy. Mira lo especial que es poder dejar esas cosas malas adentro. Obsérvate cómo colocas estas cosas allí y mira qué tan ligero y seguro te puedes sentir en este momento". Cuando el niño reporta sensaciones, emociones o pensamientos positivos, es hora de terminar con este cierre.

8. Las Tres Marías

Las Tres Marías o muñecas vietnamitas son una forma muy especial de dar un cierre coherente a la sesión celebrada. Cuenta la leyenda que estas muñequitas pueden ayudar cuando la persona está pasando por alguna dificultad. Son tres y se llaman Confusión, Soledad y Solución. Para contar con la ayuda de estas muñequitas, la tradición dice que antes de irte a dormir, debes sacar una de ellas de la caja para contarle tu dificultad. Una vez hecho esto, se vuelve a meter la muñequita en la caja y tratarán de solucionar lo que molesta de la mejor manera, mientras la persona duerme.

Para realizar la fase de cierre con las Tres Marías, se las presento al niño y le digo: "Mira, estas son mis amiguitas Confusión, Soledad y Solución, tienen poderes especiales y nos pueden ayudar a superar las dificultades". Continúo: "Confusión representa lo que nos pasó que no era bueno, Soledad representa la forma en que nos sentimos solos cuando nos pasan cosas malas, mientras que Solución nos muestra cómo se pueden resolver las historias difíciles; tiene una manera muy especial de cuidar de esto. Para que ellas puedan ayudarte a seguir adelante, dile rápidamente a Confusión qué sigue siendo malo de ese día difícil en el que trabajamos hoy. Compartirá algunas de las cosas con Soledad, quien ya no se sentirá sola ya que podrá contar con sus otras dos amigas. Poco después, Solución les enseñará a las dos cómo pueden ayudar a resolver todo esto. Cuando estés listo para decírselo, solo dímelo y estaré aquí junto a ti".

Cuando el niño dice que está listo, le ofrezco las muñequitas y el proceso continúa como habíamos acordado. Una vez realizado, el niño habrá entregado a las Tres Marías lo que quedaba del tema disfuncional; ahora pueden iniciar su trabajo de resolución. Para garantizar un cierre aún más seguro, podemos pedirle que permanezca en su lugar seguro por un tiempo.

H. Fase 8 — Fase de reevaluación: Sherlock vuelve al trabajo, retomando el proceso y definiendo el blanco

La fase de reevaluación o seguimiento nos dice qué tan bien se ha producido la integración y transmutación del material disfuncional. "Además, garantiza que todos los blancos relevantes y el material asociado hayan sido reprocesados y que todos los elementos del plan de tratamiento se hayan seguido hasta su finalización" (Gómez, 2014, p. 256).

Cada vez que el cliente regrese para la siguiente sesión, será en la Fase 8 que retomaremos el trabajo, en caso de que estemos ante el blanco abierto, independientemente de que el cierre haya sido de una sesión completa o incompleta. Los cuidadores también pueden proporcionar información valiosa. Al reevaluar el blanco trabajado en la sesión anterior, el terapeuta EMDR puede analizar la calidad y profundidad del reprocesamiento realizado. A partir de este momento, si existe algún nivel de perturbación, se debe retomar el reprocesamiento del blanco específico, en tantas sesiones como sean necesarias, hasta completar el trabajo en su totalidad, habiendo reprocesado también los disparadores (si hay SUD para estos) y proyección para el futuro con relación al tema. Con el trabajo del blanco completo, pasamos al siguiente blanco del plan de tratamiento, si es el caso, o realizamos el proceso de alta de nuestro pequeño cliente.

1. Reevaluando el blanco: Sherlock entra en escena una vez más

Después de hablar con el niño sobre cómo pasó la semana, qué hizo, con qué jugó, cómo estuvo en casa con los cuidadores y otras personas con las que vive, cómo estuvo en la escuela, cómo se sintió, es hora de reevaluar el blanco. Podemos decirle: "¿Recuerdas en qué trabajamos la semana pasada?" Si no se acuerda, podemos darle una pequeña pista: "Esa historia con tu amiga". Cuando el niño está en contacto con el blanco, procedemos. "Ahora, ponte el sombrero de Sherlock Holmes y vamos tras las pistas. Usa el micrófono, la lupa, el tambor oceánico, o mira este dibujo [el niño elegirá una de estas opciones para "examinar" qué tan efectivo fue el reprocesamiento]. Entonces, cuando piensas en lo que sucedió, ¿qué notas?" Según la respuesta del niño, decidiremos cuál debe ser el siguiente paso. Si hay alguna perturbación en relación con el blanco que se está reevaluando, el terapeuta debe reanudar su reprocesamiento. Le pediremos al niño que se centre en la historia trabajada en la sesión anterior o que dibuje su remanente. A partir de ahí, mediremos el nivel de molestia (SUD), comprobaremos en qué parte del cuerpo siente el niño esta molestia y procederemos al reprocesamiento.

Si el blanco se ha reprocesado por completo (SUD = 0, VoC = 7 y chequeo corporal con el cuerpo intacto), es hora de proceder a la verificación de los disparadores, teniendo en cuenta el protocolo de las tres vertientes. Habiendo terminado de trabajar en los factores desencadenantes (si corresponde), pasamos al patrón a futuro. Ha llegado el momento de que el niño se imagine a sí mismo lidiando de manera funcional y adaptativa con lo masticado y digerido por el Dr. Sana Cura.

El árbol de decisión del plan de tratamiento, como se muestra a continuación (páginas 138 y 139), ilustra claramente la secuencia de trabajo con el blanco.

ÁRBOL DE DECISIÓN DEL PLAN DE TRATAMIENTO

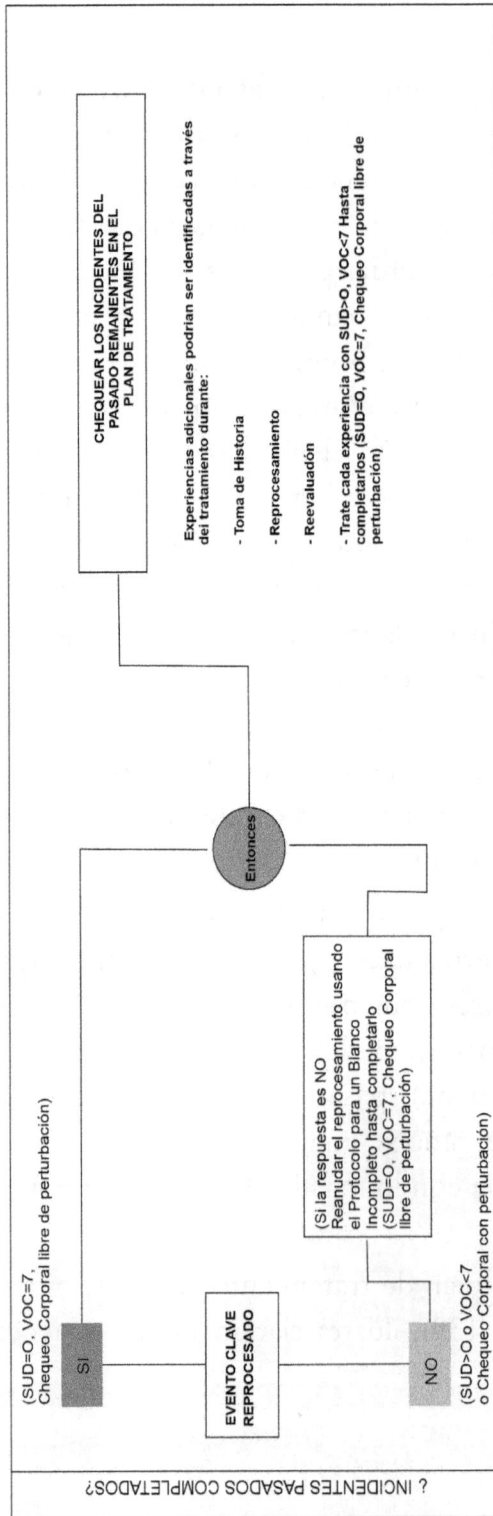

¿INCIDENTES PASADOS COMPLETADOS?

EVENTO CLAVE REPROCESADO

SI
(SUD=0, VOC=7, Chequeo Corporal libre de perturbación)

NO
(SUD>0 o VOC<7 o Chequeo Corporal con perturbación)

(Si la respuesta es NO Reanudar el reprocesamiento usando el Protocolo para un Blanco Incompleto hasta completarlo (SUD=0, VOC=7, Chequeo Corporal libre de perturbación)

Entonces

CHEQUEAR LOS INCIDENTES DEL PASADO REMANENTES EN EL PLAN DE TRATAMIENTO

Experiencias adicionales podrían ser identificadas a través del tratamiento durante:

- Toma de Historia
- Reprocesamiento
- Reevaluación
- Trate cada experiencia con SUD>0, VOC<7 Hasta completarlos (SUD=0, VOC=7, Chequeo Corporal libre de perturbación)

DISPARADORES DEL PRESENTE

Olequear los Disparadores del Presente;

trate y reprocese según sea necesario como se identificó en el curso del tratamiento: Durante la Toma de la Historia

Reprocesamiento

Reevaluación

Reprocesar los incidentes con SUD>0, VOC<7 Hasta Completar (SUD=0, VOC=7, chequeo Corporal libre de perturbación)

INSTALACIÓN DE PATRÓN A FUTURO

Para cada disparador del presente que sea resuelto, desarrollar un escenario a futuro

Respuestas/resultados deseados

Ansiedades anticipatorias

Situaciones difíciles

Fuente: Manual EMDR - EMDR Entrenamiento y Consultoría

I. Proyección a futuro: luces, cámara, acción, claqueta

La proyección a futuro se desarrolla para estimular la capacidad del niño para usar nuevos recursos en el futuro, practicar nuevas habilidades y responder de manera adaptativa a los estímulos disparadores del pasado (Gómez, 2014, p. 260). Según Shapiro, "Un molde positivo para el futuro [...] ayudará a incorporar las acciones apropiadas" (2007, p. 281).

El objetivo principal de la estrategia destacada es, como en una película que nos permite ver un final agradable de la historia, ampliar la capacidad del niño para responder funcionalmente en el futuro a eventos que antes lo inquietaban.

Aclaremos a nuestro pequeño cliente que ahora que él y los ayudantes de su valioso equipo de trabajo han logrado masticar y digerir toda la historia del día difícil, es hora de ver la película de lo bien que salió. A menudo digo: "Serás un director de cine importante ahora y al mismo tiempo el actor (la actriz) más importante de Hollywood, la tierra del cine. Esta es mi claqueta, una pieza muy especial cuando vamos a hacer una película. Aquí escribo tu nombre, la película que te vas a imaginar y cuando estés listo(a) para rodar, te doy la claqueta para que empiece la película tu Dr. Sana Cura. Tú imaginas y él pasa la película mientras tú puedes decir tus palabras positivas [aquí repito la CP del niño] y yo hago los movimientos que ya sabes. ¿Listo? Vamos."

A partir de este momento seguimos la secuencia del vídeo de nuestro cliente. Si surge alguna perturbación, la reprocesaremos, porque si bien la proyección a futuro no es una fase de reprocesamiento, es más tiempo de reprocesamiento.

Una variación de esta estrategia puede ocurrir con el niño vestido como él quiere, mientras pasa su película y nosotros los terapeutas hacemos MB hasta que se acaba el rollo de película.

Otra alternativa incluye, por ejemplo, que el niño dibuje una solución, imagine cómo se resolvió toda la historia y aborde el problema de una manera segura y cómoda. Este dibujo será un molde a partir del cual el niño imaginará su película. Los MB, así como la conexión con la CP, acompañarán siempre el paso de la película.

Otro método que me gusta mucho es pedirle al cliente que imagine un astronauta que viene del futuro para contarnos una historia de superación, de cómo se dieron las cosas de una manera segura y feliz. Podemos pedirle al niño que dibuje este encuentro o simplemente pasarle un vídeo mientras hacemos los movimientos bilaterales y él repite su creencia positiva.

Además, utilizar una bola de cristal con el niño imaginando que está viendo la historia resuelta y contándonos lo que está viendo, mientras hacemos MB y él repite su CP, es otra estrategia.

Capítulo 4
El proceso de alta: preparando el vuelo, construyendo las alas

Cuando recibimos a los padres y luego al niño, elaboramos un mapa que nos permite recorrer el territorio emocional de nuestro pequeño cliente. A través de este mapa trazaremos las coordenadas que nos servirán para sondear el terreno inestable del trauma, conocer de cerca la historia y desde allí emprender una labor de rescate, que permita al niño reescribir su viaje hacia un destino sano, seguro y feliz. Además, visitamos coordenadas que también nos permiten llegar a los graneros de recursos donde encontramos matrices para apoyar el camino de nuestro paciente. En este viaje, trabajar en equipo (incluidos los ayudantes internos y externos) nos permite manejar la brújula terapéutica con más seguridad y asertividad, favoreciendo un proceso más sólido y prometedor.

A medida que avanza el trabajo, las coordenadas se verifican, una tras otra, y es posible seguir la reestructuración de esa dirección emocional. En la secuencia, nos acercamos a la estación de curación, la coordenada de destino. En esta parte del trabajo, vemos los horizontes del proceso de descarga, ya que el contenido traído para ser cuidado, digerido y reprocesado está llegando a su fin.

Este paso del proceso no forma parte de la metodología clásica de la terapia EMDR. Sin embargo, cuando nos ocupamos de los niños, la oferta de un recurso extra siempre es providencial y bienvenida para apoyar un poco más la sociedad que se construyó, todos los logros alcanzados, el valioso trabajo desarrollado por el propio paciente, así como para cerrar con llave de oro el legado conquistado.

Antes de terminar el proceso, mientras seguimos el progreso del niño, debemos señalar cada avance en el territorio, para que el niño entienda que el tren de reprocesamiento ha terminado su viaje. En este sentido, a los padres también se les informa sobre tales conductas, en un proceso que tiene, entre otros objetivos, el de comunicar la conclusión de la terapia.

A menudo les digo a los niños: "El tren de reprocesamiento viaja más rápido ahora que las vías están libres, sin daños y al día con el mantenimiento. Tu doctor Sana Cura está trabajando muy bien y tu estás siendo conducido de manera segura y, dado que él es tuyo, tienes cada vez más el control de este viaje. Quiero informarte, Sr. Pasajero, que el tren reprocesador se acerca cada vez más a la estación de curación y que pronto desembarcaremos. Es probable que con uno o dos viajes más lleguemos a nuestro destino. Quiero decirte lo orgulloso que estoy de tu coraje y fuerza; has sido increíble".

En la siguiente reunión utilizamos la rayuela del proceso de alta y comprobamos cuánto cree el niño que las historias trabajadas están resueltas. Esta rayuela se puede dibujar en una hoja de papel, hacer con goma numerada o marcar en el suelo con cinta crepé o tiza (nada que un trapo húmedo no borre en un momento). Va de 0 a 10, donde 0 es 'no resuelto en absoluto' y 10 es 'resuelto por completo'. Presentaremos el(los) tema(s) reprocesado(s) y le pediremos al niño que nos muestre cuánto se resolvió esa historia. El niño elegirá el número que indica el nivel de resolución y mediante esta estrategia haremos otra comprobación lúdica y reveladora. Esta dimensión de la comprensión, aun viniendo de la propia comunicación del niño, nos asegura un resultado concreto, sin lugar para la duda.

Continuando, digo: "Mira qué trabajo espectacular hicieron tú y tu equipo de ayudantes, qué viaje tan increíble tuvimos. Ahora que hemos entrado en la temporada de la curación, es hora de decir adiós. Quiero decirte que si lo necesitas, puedes pedirle a mamá o papá que hablen conmigo y podemos, quién sabe, hacer algunos viajes más. Pero tu trabajo fue tan especial que creo que es posible que hablemos a través de mensajes, por teléfono, por computadora. Creo que podremos vernos de vez en cuando, para no extrañarnos. Quién sabe, por ejemplo, dejaremos programada una sesión de visita para dentro de un tiempo. ¿Qué te parece?" Esta posibilidad se presenta en caso de que el niño sienta dudas sobre su desempeño, evitando cualquier incidencia de inseguridad o deseo de estar en un ambiente divertido y agradable en el que los ojos y el tiempo estén enfocados en él.

Luego digo: "Ahora, quiero honrarte por el increíble trabajo que hiciste". Hacemos el equivalente a una ceremonia de condecoración, con la presencia del / de la(s) cuidadora(s) si el niño lo autoriza, en la que el niño recibe un trofeo y/o una medalla al valor y la competencia, en la que se graba su nombre, en honor a todo el esfuerzo mostrado en el proceso terapéutico. Yo digo: "Recibe este trofeo [y/o medalla] por tu gran coraje en hacer el viaje a la temporada de sanación. Hiciste un excelente trabajo, felicitaciones" (Gómez, 2014).

Hay muchas posibilidades para honrar al niño: a veces hago un pequeño kit con lápices de colores, crayones, un bloc, pegatinas, pegamento de colores y le digo al niño: "A partir de ahora, este material te puede servir para dibujar muchas cosas buenas y especiales".

Otras veces, ofrezco un pequeño tubo de pompas de jabón y le hago saber al cliente que puede recordar lo importante que es respirar con calma y sin problemas y ver sus burbujas de colores elevarse alto y volar.

Una alternativa que me gusta mucho es darle al niño un paquete de semillas de flores o de su verdura favorita y pedirle a la cuidadora que lo ayude a sembrar y luego cosechar el sabroso fruto de su propio esfuerzo. Con esta actividad tenemos una oportunidad muy valiosa de transmitir el mensaje de que los niños son capaces de hacer cosas increíbles, entre ellas sembrar y cosechar los frutos de su esfuerzo. Otro punto muy especial es ensayar con el niño el compromiso de ser responsable con lo que siembra, porque los frutos siempre llegan y pueden ser sabrosos y saludables.

El trabajo de preparación del vuelo y la construcción de las alas tiene como objetivo primordial honrar tanto la fortaleza del niño como su actitud para afrontar las dificultades y salir victorioso. Funcionará como una matriz importante con la que puede contar a partir de ahora. Además, legitimamos la terminación de su proceso.

Capítulo 5
Desembarcando en la estación de la cura

Fue un viaje muy agradable y especial hasta ahora. Cuando viajamos con gente agradable, el viaje es ligero, siempre vale la pena.

A lo largo de nuestro itinerario en el tren de reprocesamiento, visitamos todas las estaciones de la terapia EMDR. Estuvimos en la estación 1 de la Historia Clínica, en la que pudimos comprender la importancia de mirar integralmente toda la historia que constituye el funcionamiento emocional y conductual de nuestro pequeño cliente. Verificamos cuestiones relacionadas con el contexto pre, peri y posnatal: después de todo, somos la suma de lo que nos rodea e, incluso antes de nacer, ya existe una narrativa sobre nosotros. Mientras estamos en esta estación, se aclara el funcionamiento de la terapia EMDR, establecemos lo que podemos esperar como resultados, firmamos el contrato terapéutico y definimos toda la logística sobre el servicio en sí. Además, recopilamos información sobre las experiencias adversas vividas por el paciente, accedemos a su repertorio de recursos, conocemos a los cuidadores con los que puede contar, construimos el plan de tratamiento y establecemos una alianza terapéutica, tanto con el niño como con sus cuidadores.

En la estación 2, Preparación, enseñamos al niño a hablar en EMDR. La terapia EMDR funciona de una manera muy particular y conocerla favorece su desarrollo seguro y resultados prometedores. Será en esta estación donde el niño aprenderá sobre la señal de Pare, sobre la metáfora, sobre los barcos que se cruzan, se le presentarán los movimientos bilaterales e instalará el lugar seguro. Es uno de los objetivos de esta estación lograr que el niño aprenda a autorregularse, a mantenerse estable dentro y fuera de la sesión. Toda la información sobre el lenguaje de la terapia EMDR debe ofrecerse al niño de una manera lúdica y ligera; después de todo, este es el dialecto más apetecible para ellos.

Un punto importante para destacar es el de la adecuación del lenguaje y de las pautas, en función de la edad y del nivel de comprensión del paciente. Para los niños muy pequeños, por regla general, el manejo necesita otros ajustes, además de los ya mencionados, como fue posible seguir en el cuidado compartido en el capítulo 3, Fase 4.

En la tercera estación, la de Evaluación, el terapeuta EMDR y el niño serán detectives muy competentes y buscarán pistas que les permitan comprender si existe algún antecedente que dé cuenta de la sintomatología o dificultad que presenta el niño... Será en esta etapa que ambos personificarán a Sherlock Holmes, el detective más eficiente de todos los tiempos. Así, estos compañeros podrán acceder a las huellas que probablemente dieron lugar a la serie de disfuncionalidades, utilizando la pregunta directa, el flotar hacia atrás y/o el escaneo afectivo. Independientemente de si se trata de una ocurrencia temprana o si la situación es un trauma de un solo evento, se debe acceder al blanco. Para que esto suceda, los Sherlock de turno, usando sus sombreros de detectives, abrirán la caja de Pandora (el blanco), a través de los elementos del ICES. Todo este proceso debe ocurrir de una manera lúdica para que hacer contacto con la historia disfuncional ya no sea un dolor.

Ya en la estación 4, Desensibilización, después de que se haya abierto la caja de Pandora en la fase de evaluación, es hora de que el Dr. Sana Cura comience a masticar y digerir las historias del mal día. Usando títeres, títeres de dedo, crayones, pegamento de colores, arcilla y una gama de otras posibilidades, el terapeuta de EMDR, junto con el pequeño paciente, vuelve a encarrilar el tren de reprocesamiento. Es en esta estación donde se lleva a cabo la desensibilización y el reprocesamiento.

Es importante tener en cuenta que pueden ser necesarios ajustes, según la edad y el nivel de madurez del niño. Estos criterios servirán de base para decidir sobre el tipo de lenguaje que se debe utilizar, la presencia del cuidador en ese momento, el tiempo de permanencia del niño en la sesión, el manejo adecuado para el reprocesamiento, el tipo de material y las estrategias que se utilizarán, entre otros factores.

Con el tren del reprocesamiento viajando a todo vapor otra vez, el niño podrá vivir una nueva perspectiva y ampliar sus posibilidades de organización emocional, así como lograr una condición de vida saludable.

En la estación 5, Instalación, es hora de sumergirse con el pequeño paciente en sus redes de memoria positiva. Después de que el Dr. Sana Cura haya masticado y digerido un contexto disfuncional dejado por vivencias difíciles, será fundamental vincular el relato transmutado a redes de memoria adaptativa. Para ello, comprobaremos con el niño si la CP cambió. Puede ser que luego de reprocesar aparezca otra CP y esta sirva para la instalación. Si no existen cambios en la CP, el trabajo se realizará con la creencia positiva elegida en la estación 3. Posteriormente, se medirá la validez de esta cognición con el VoC, haciendo uso de líneas de colores, una tira de cuerda, metros, los propios brazos del niño que pueden acercarse o alejarse, incluyendo también en este momento un manejo divertido. El siguiente paso será instalar este pensamiento especial en el niño. A partir de ahí, será un buceador, sumergiéndose en una piscina de pensamientos buenos y agradables sobre sí mismo, en compañía de aquel pensamiento específico que ha elegido, mientras su ayudante de EMDR va midiendo qué tan fuerte se vuelve la CP.

En la sexta estación, Chequeo Corporal, llega la hora de entrevistar al cuerpo para saber si tiene algo que contarnos con respecto a la historia ocurrida en el evento traumático. Es nuestro fiel escudero y podrá ayudarnos a realizar ese trabajo, ya que estaba allí cuando sucedió todo. Con lupa en mano, o con cualquier otro recurso que funcione como detector de sensaciones, el niño empieza a entrevistar a su cuerpo, mientras piensa en aquella cosa difícil y en sus palabras positivas sobre sí mismo. Va a imaginar que está escaneándose a sí mismo, desde la punta del cabello hasta el dedo del pie, y va a observar si encuentra cualquier cosa mala, molesta o incómoda en su cuerpo. El niño podrá hacer el trabajo conectándose con las sensaciones tanto fuera como dentro de sí, pensando en la creencia positiva o repitiéndola, basada en el contexto de la lucidez. Al final de ese chequeo, va a abrir los ojos. Si hay alguna molestia, se reanuda el reprocesamiento; de lo contrario, se comienza el siguiente paso.

Cuando llegamos a la estación 7, Cierre, nuestro trabajo en equipo consiste en cerrar la sesión. Es esencial que la atención dual se interrumpa para que el paciente salga de la sesión con los dos pies en el aquí y ahora. Será imprescindible acceder a esta estación, independientemente de que la sesión esté completa o incompleta, y utilizar los procedimientos adecuados para este cierre.

En este contexto, además del lugar seguro, tenemos varias posibilidades de cierre, ya que necesitamos ofrecerle al niño una estrategia que le satisfaga plenamente, incluso teniendo en cuenta su edad y la capacidad de comprender y realizar lo que se ha solicitado. Es importante que consiga dejar bien cerrado el contenido trabajado, manteniéndose cómodo y protegido dentro de una ventana de tolerancia que le quede bien y lo contenga cálidamente.

En cuanto a la estación 8, Reevaluación, nos embarcaremos a través de ella en cada nueva sesión, siempre que sigamos atendiendo un blanco abierto. Cuando el niño vuelve para la siguiente sesión, Sherlock Holmes y sus herramientas del oficio entran en juego una vez más. Mediante nuestro oficio de detectives, vamos a comprobar cómo va esa historia difícil de la que nos ocupamos en la sesión anterior. Si hay algún tipo de perturbación, por pequeña que sea, se debe reanudar el reprocesamiento (volvemos a la Fase 4). Si no hay remanente, el proceso continuará, contemplando las fases restantes. Para llevar a cabo la reevaluación, se debe escuchar tanto al niño como a sus cuidadores.

Una vez que hayamos pasado por todas las estaciones del protocolo de ocho fases específicas para el blanco, pasaremos a una estación más importante: Proyección hacia el futuro. El objetivo de esta estación es crear un molde positivo del futuro, que permita al niño responder de forma adaptativa a su historia de vida. Crearemos un escenario con la máxima "luz, cámara, acción", claqueta mediante, y el niño se imaginará que es un artista de Hollywood y junto a su Dr. Sana Cura, rodará una película de lo bien que le salió la historia. También aquí el uso de la creatividad y la imaginación no tiene límites. La película se rodará en relación con la creencia positiva, ya que el paciente se ve a sí mismo viviendo de forma sana y protegida, en el futuro, a pesar de la historia disfuncional que vivió. El pasaje de la película irá acompañado de MB.

Después de toda esta trayectoria, y una vez reprocesados los contenidos recogidos en el plan de tratamiento, es el momento de preparar al niño para el final del proceso terapéutico.

Aunque esta estación no forma parte del procedimiento clásico de la terapia EMDR, con sus protocolos dinámicos y articulados, se integra con fluidez en el paso a paso de este enfoque. Sembrar la esperanza y dejar extendida la mano de ayudante de EMDR es el mensaje que este procedimiento desea anunciar.

Informar al niño de que el precioso tren del reprocesamiento está llegando a la última estación, y que pronto desembarcaremos, es la primera señal que le ofreceremos. En esta etapa, reverenciamos su valor, su fuerza y su compromiso para que el Dr. Sana Cura pudiera masticar todo lo malo que pasó. Vamos a elogiarlo por su compromiso y, sobre todo, vamos a reconocer sus logros, que serán un modelo positivo y duradero, como una segunda piel que llevará a partir de entonces.

Nuestro itinerario también está llegando a su fin, así que vamos a desembarcar. Hemos llegado a la estación de la curación, aquella para la que todo terapeuta EMDR, en colaboración con el paciente, compra un billete de viaje. Hablar de curación en la terapia EMDR no significa afirmar que las experiencias disfuncionales no se produjeron, ni siquiera que no hubo consecuencias. Lo que se quiere decir es que ya no residimos en esa dirección. A través del trabajo con esta modalidad terapéutica, lo que se busca es lograr la transmutación de las memorias desadaptativas, para que, tras el reprocesamiento, se reintegren a las redes positivas de la memoria, comenzando a comunicarse inter-hemisféricamente de manera funcional. Este movimiento permite acceder a una nueva comprensión de lo vivido, ya que todo reprocesamiento genera un aprendizaje. Al volver a poner en marcha el tren del reprocesamiento, en colaboración con el EMDR, el increíble y poderoso ayudante (SPIA) permite al niño dar un nuevo contexto a la impactante historia vivida, posibilitando la reconexión con la temporalidad, favoreciendo la reescritura de su biografía en el aquí y ahora, y ya no desde el territorio del trauma.

Como la memoria traumática es estática, porque está separada de la comunicación entre los dos hemisferios cerebrales, no se actualiza. Por esta razón, el niño se conectó con el presente utilizando las lentes del evento traumático. Tras el reprocesamiento del contenido disfuncional, comienza a relacionarse con su historia desde la perspectiva del presente, ya que el contenido que antes estaba bloqueado vuelve a fluir de forma natural.

Ha sido un gran placer viajar con usted en el tren del reprocesamiento. Deseo que su pequeño paciente, bajo su guía y compañía, pueda hacer muchos viajes en este tren y que encuentre muchas posibilidades de curación durante el viaje; que sea transformador, suave y feliz. Hasta el próximo embarque, hablando directamente desde la cabina central, la maquinista.

Aclaraciones sobre la Terapia EMDR

Me alegro de que le haya interesado leer este libro, concebido con inmenso cariño. En el caso de que no conozca el enfoque que sustenta el camino metodológico aquí presentado, le invito a leer un poco sobre la terapia EMDR.

A. ¿Qué significa EMDR?

El EMDR (Eye Movement Desensitization and Reprocessing) es una nueva forma de psicoterapia desarrollada en los Estados Unidos a finales de los años 80 por la psicóloga Francine Shapiro. La sigla EMDR significa Desensibilización y Reprocesamiento por medio de los Movimientos Oculares. El trabajo realizado con este abordaje permite el reprocesamiento de los recuerdos difíciles y dolorosos (el trauma), y permite la integración del contenido disfuncional en diferentes regiones del cerebro.

La focalización en los elementos de la memoria traumática y la estimulación bilateral (visual, auditiva o táctil) favorecen el "diálogo" entre los hemisferios cerebrales y la "metabolización" (reprocesamiento) del trauma. En poco tiempo, el individuo tiene la sensación de mayor distanciamiento de la perturbación traumática. Se trata de un proceso audaz que promueve la desensibilización y la reconsolidación de las memorias disfuncionales, y las coloca en un estado más adaptativo y saludable, alineando de forma equilibrada la razón, la emoción y la acción.

B. Objetivo

El objetivo del tratamiento con EMDR es transmutar de forma rápida y eficaz las memorias disfuncionales del pasado por medio de la modificación espontánea de la forma y el contenido de la información disfuncional. El proceso en sí actúa tanto sobre la herida traumática como sobre el conflicto que surge de ella, lo que lo convierte en un enfoque terapéutico completo, rápido y seguro.

Gracias a los resultados obtenidos con la terapia EMDR, el cliente es capaz de organizarse mejor, deshaciéndose de los sentimientos, sensaciones y pensamientos inadecuados acumulados por los recuerdos traumáticos, y pudiendo vivir su presente de forma más equilibrada y planificando mejor su futuro.

C. ¿Cuáles son las ventajas del uso del EMDR?

Exposición reducida – Al tratarse de un proceso terapéutico básicamente no verbal, no es necesario que el cliente hable demasiado sobre lo que le molesta o le produce sufrimiento. Basta con que el contenido de la memoria disfuncional se dirija a áreas del cerebro más adaptativas (a través de movimientos bilaterales) para que se observe y experimente el alivio de los síntomas y el posterior proceso de curación. El tratamiento en sí no requiere una exposición prolongada a estímulos de alta ansiedad y desensibiliza rápidamente el evento traumático.

Fisiología – Así como el sistema inmunológico cura nuestro cuerpo físico (por medio de la cicatrización, por ejemplo), el cerebro tiene la capacidad de curarse de memorias y emociones perturbadoras. El proceso de curación será posible tan pronto los obstáculos para la cura sean removidos.

Rapidez – El flujo rápido e intenso del reprocesamiento trae agilidad al tratamiento, lo cual posibilita, en la mayoría de los casos, la cura emocional en tiempo bastante reducido. La terapia EMDR no es apresurada: su duración breve se debe al carácter focal de su metodología de trabajo. La estimulación bilateral empleada por el método activa los mecanismos naturales de curación que actúan en el cuerpo y en la mente, por lo que sus efectos se perciben en poco tiempo. Tales efectos rápidos y positivos resultan de cambios neuroquímicos que reequilibran el sistema fisiológico inherente responsable de la sana asimilación del evento traumático.

Rastreo – El sistema de procesamiento de información tiene la capacidad de rastrear el tema traumático (el blanco) de forma autónoma, favoreciendo el proceso de curación, incluso cuando el cliente no sabe racionalmente por qué se presentan los síntomas.

D. Indicaciones

Debido a que es un enfoque reflexivo y científicamente respaldado, la terapia EMDR promueve resultados positivos y organizativos para clientes de todas las edades. Específicamente en el caso de los niños, todo el proceso se desarrolla a partir de estrategias lúdicas, aprovechando la capacidad natural del cerebro para activar los recursos curativos del hemisferio cerebral derecho, intensamente conectado con la creatividad, la emotividad y la espiritualidad. El uso de movimientos bilaterales específicos extiende su uso efectivo a diferentes públicos. A medida que el reprocesamiento accede a contenido disfuncional que está bloqueado en redes de memoria, el enfoque de la terapia EMDR es precisamente el cerebro. Entonces, si tienes cerebro, ¡reprocésalo!

Como entrenadora y psicoterapeuta en este enfoque, le invito a conocer un poco más de nuestro trabajo como EMDRistas. Para obtener más información, visite el sitio web www.EMDRtreinamento.com.br y venga a experimentar una revolución en su práctica clínica.

Referencias Bibliográficas

4 EXERCÍCIOS de respiração divertidos paras as crianças. A mente é maravilhosa, [s. l.] 25 jun. 2018. Disponível em: https://amenteemaravilhosa.com.br/4-exercicios-de-respiracao-para-as-criancas/. Acesso em: 28 fev. 2020.

AFIFI, T. O.; MOTA, N. P.; DASIEWICZ, P., MACMILLAN, H. L; SAREEN, J. Physical punishment and mental disorders: results from a nationally representative US sample. Pediatrics, Bethesda, ano 2, 2012. Disponível em: https://pubmed.ncbi.nlm.nih.gov/22753561/. Acesso em: 28 fev. 2020.

BREWER, S. apud NOGUEIRA, R. L. The Trauma Tree – Understanding The Impact Of Childhood Trauma. 2020. Disponível em: https://www.steampoweredfamily.com/brains/the-impact-of-childhood-trauma/. Acesso: 19 abr. 2021.

CARROLL, L. Alice no País das Maravilhas. Petrópolis: Arara Azul, 2002.

CASTIGOS físicos aumentam chances de crianças apresentarem distúrbios mentais na vida adulta. Veja, São Paulo, 2 jul. 2012, Saúde. Disponível em: https://veja.abril.com.br/saude/castigos-fisicos-aumentam-chances-de-criancas-apresentarem-disturbios-mentais-na-vida-adulta/. Acesso em: 15 mar. 2020.

DIVISION OF VIOLENCE PREVENTION NATIONAL CENTER. Preventing Adverse Childhood Experiences (ACEs): Leveraging the Best Available Evidence. Apostila de Prevenção às Experiências Adversas de Infância. Atlanta, 2019.

EMDR TREINAMENTO E CONSULTORIA. Manual de EMDR. Brasília, 2019.

EMDR TREINAMENTO E CONSULTORIA. Manual de Capacitação: Treinamento Básico em Terapia EMDR, Nível 1. Brasília: 2018.

GRAND, David. Cura Emocional em velocidade máxima: o poder do EMDR. Brasília: Nova Temática, 2007.

GÓMEZ, A. M. Dia Ruim... Vá Embora. Brasília: EMDR Treinamento e Consultoria, 2008. 29p.

_____. Terapia EMDR e Abordagens Auxiliares com Crianças: trauma complexo, apego e dissociação. Brasília: TraumaClinic Edições, 2014. 365 p.

_____. A história da Ostra e da Borboleta: o coronavírus e eu. Phoenix, [s. n.], 2020. Disponível em: https://www. traumaclinicbrasil.com.br/blog/2 Acesso em: 10 maio 2021.

_____. Minha Caixa de recursos para o Coronavírus. [S. l.: s. n.]. 2020, Disponível em: https://www.traumaclinicbrasil.com. br/blog/2. Acesso em: 10 maio 2021.

IMAGENS de dois cérebros infantis mostram a diferença que o amor dos pais faz. BOL, São Paulo, 04 nov. 2017. Disponível em: https://www.bol.uol.com.br/noticias/2017/11/04/imagens-de-dois-cerebros-infantis-mostram-a-diferenca-que-o-amor-dos-pais-faz.html. Acesso em: 28 de fev. 2020.

JARERO, I. et al. The EMDR Integrative Group Treatment Protocol: application with child victims of a mass disaster. Journal Of EMDR Practice And Research, [s. l.], Springer Publishing Company, v. 2, n. 2, p. 97-105, 1 jun. 2008.

LISAUSKAS, R. As crianças escutam gritos que não direcionados a elas. Estadão, São Paulo, 24 abr. 2020. Disponível em:

https://emais.estadao.com.br/blogs/ser-mae/as-criancas-escutam-gritos-que-nao-sao-direcionados-a-elas/. Acesso em: 22 jun. 2020

MANFIELD, P.; LOVETT, J.; ENGEL, L.; MANFIELD, D. Use of the Flash Technique in EMDR Therapy: Four Case Examples. In.: Journal of EMDR Practice and Research. Nova Iorque, v. 11, n. 3, 2017. Disponível em: https://www.researchgate.net/publication/320828739_Use_of_the_Flash_Technique_in_EMDR_Therapy_Four_Case_Examples. Acesso em: 28 fev. 2020.

MEU abusador não é um monstro. Aleteia, [s. l.], 30 maio 2018, Estilo de Vida. Disponível em: https://pt.aleteia.org/2018/05/30/meu-abusador-nao-e-um-monstro/. Acesso em: 17 jun. 2020

MUSNAM, S. A real função do sono. uai, Belo Horizonte, 23 set. 2020, Saúde Plena. Disponível em: https://www.uai.com.br/app/noticia/saude/colunistas/silvio-musman/2020/09/23/noticias-saude,262871/a-real-funcao-do-sono-voce-sabe-qual-e.shtml. Acesso em: 30 set. 2020

NOGUEIRA, R. L. Neurociência e Psicologia: Quem Matou Odete Roitman? Regina Lúcia Nogueira responde. 2020. 1 vídeo. (2h51min43s). Publicado pelo canal: Dra. Regina Lúcia Nogueira. Disponível em: <https://www.youtube.com/watch?v=ZRhtBzw7YWk&t=2502s>. Acesso em: 15 ago. 2020.

_____. Árvore do Trauma. Brasília, 20 ago. 2021. Instagram: @dra.reginalucianogueira. Disponível em: https://www.instagram.com/p/CEKKnKnlCed/?utm_source=ig_web_copy_link. Acesso em: 23 abr.2021.

O SONHO do urso. Jandira: Ciranda Cultural, 2009. 1 livro de pano, tecidos coloridos e pelúcia.

PASSOS, Sheila. O Enigma do Capacete. Belo Horizonte: Almo Digital, 2005.

POTE das emoções: entre cores e sentimento. Criando com Apego, [s. l.], 2017. Disponível em: https://www.criandocomapego.com/pote-das-emocoes-entre-cores-e-sentimento/. Acesso em: 15 mar. 2020

SHAPIRO, F. EMDR terapia de dessensibilização e reprocessamento por meio dos movimentos oculares: princípios básicos, protocolos e procedimentos. São Paulo: Amanuense, 2020.

SIEGEL, D. J.; BRYSON, T. P. O cérebro da criança. São Paulo: nVerso, 2015. 240p.

UNICEF: Pesquisa nacional revela os impactos da pandemia em crianças e adolescentes. UOL, São Paulo, 11 dez. 2020. Disponível em: https://cultura.uol.com.br/noticias/14730_unicef-pesquisa-nacional-revela-os-impactos-da-pandemia-em-criancas-e-adolescentes.html Acesso em: 12 dez. 2020.

VAN DER KOLK, B. O corpo guarda as marcas: cérebro, mente e corpo na cura do trauma. Rio de Janeiro: Sextante, 2020. 479

Sobre la autora

Jackeline Figueiredo Barbosa Gomes

Psicóloga egresada de la Universidad Federal de Minas Gerais y Magíster en Psicología de PUC Minas. Jackeline es Full Trainer en EMDR por EMDR Institute y EMDR Iberoamerica, Facilitadora, Supervisora y Organizadora de cursos de Formación Básica y Educación Continua en terapia EMDR. Es Terapeuta Brainspotting, Terapeuta Breve, Hipnoterapeuta Ericksoniana, Especialista en Análisis e Interpretación de Sueños.

Co-traductora y Revisora Técnica de la 3ra edición del libro *EMDR – Terapia de Desensibilización y Reprocesamiento por medio de movimientos oculares* de la Dra. Francine Shapiro.

Traductora de los libros *Terapia EMDR y enfoques auxiliares con niños – trauma complejo, apego y disociación*; *La historia de la ostra y la mariposa: el coronavirus y yo y Mi caja de recursos para el coronavirus*, por Ana M. Gómez.

Publicó los capítulos: *"EMDR e Cura Sistêmica, a gestação de uma nova história de vida"* e *"EMDR e o Buraco do Assovio"* nos livros Conquistas na Psicoterapia II e III, respectivamente.

En el libro *Trabalho e pessoas com deficiências: pesquisas, práticas e ferramentas diagnósticas*, fue autora del capítulo titulado "O profissional com deficiência e o mercado de trabalho". Todavía en el tema, es autora de los siguientes capítulos: "Mercado de Trabalho: em busca de vagas para pessoas com deficiência visual" e "Mercado de Trabalho para pessoas con deficiencia visual", en los libros *A Cegueira às Claras* y *Agentes da Luz*, o Instituto, respectivamente.

Jackeline es revisora del libro *La Magia de Nuestros Disfraces,* Dr. Teresa Robles.

Imparte, para terapeutas EMDR, el curso "Terapia EMDR con niños: desatando nudos, construyendo lazos", de su propia autoría.

Más libros de la TraumaClinic Ediçoes

Resuelva Su Pasado
Esly Carvalho, Ph.D.

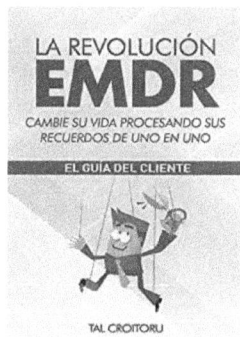

La Revolución EMDR
Tal Croitoru

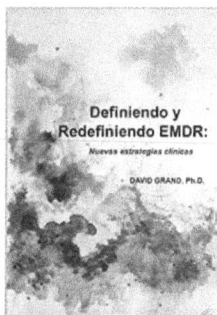

Definiendo y
Redefiendo EMDR
David Grand, Ph.D.

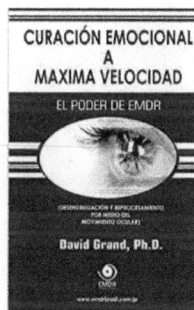

Curación Emocional a
Maxima Velocidad
David Grand, Ph.D.

Sanando la Pandilla
que vive adentro
Esly Carvalho, Ph.D.

Sane su Cerebro:
Sane su cuerpo
Esly Carvalho, Ph.D.

Definiendo y Redefiniendo EMDR
David Grand, Ph.D.

Ruptura y Reparación
Esly Carvalho, Ph.D.

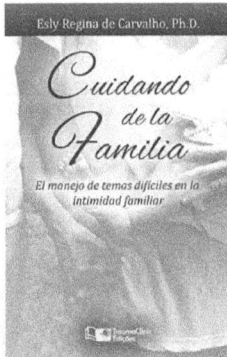

Cuidando de la familia
Esly Carvalho, Ph.D

Estos libros están disponibles en amazon.com.br

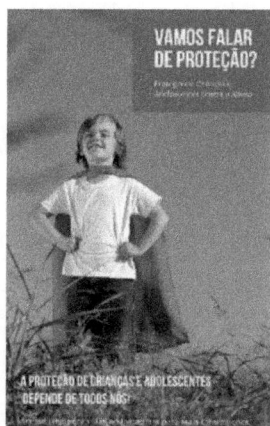

VAMOS FALAR
DE PROTEÇÃO?

A PROTEÇÃO DE CRIANÇAS E ADOLESCENTES
DEPENDE DE TODOS NÓS!

Para recibir gratuitamente un e-book sobre la prevención
del abuso infantil y de adolescentes, se inscriba aquí:

www.traumaclinicbrasil.com.br/vamosfalardeprotecao

www.ingramcontent.com/pod-product-compliance
Lightning Source LLC
Chambersburg PA
CBHW030335270326
41926CB00010B/1639